Gottfried Kirchner

# Terra-X
# Expeditionen ins Unbekannte

## Schatzsucher, Ritter und Vampire

WILHELM HEYNE VERLAG
MÜNCHEN

HEYNE SACHBUCH
Nr. 19/468

Dieser Titel beruht auf der Hardcover-Ausgabe *Schatzsucher, Ritter und Vampire,* erschienen im Wilhelm Heyne Verlag, und wurde für die Taschenbuchausgabe in zwei Bände aufgeteilt.
Der zweite Band *Kreuzzüge, Königreiche und Karawanen* wird ebenfalls im Wilhelm Heyne Verlag im Sachbuchprogramm erscheinen.

*Umwelthinweis:*
Dieses Buch wurde auf chlor- und säurefreiem Papier gedruckt.

Taschenbuchausgabe im Wilhelm Heyne Verlag
GmbH & Co. KG, München

Printed in Germany 1997
Umschlagillustration: K. Schmitt-Korte, Offenbach
Umschlaggestaltung: Atelier Adolf Bachmann, Reischach
Herstellung: Andrea Cobré
Satz: DTP
Druck und Verarbeitung: Appl, Wemding

ISBN: 3-453-11763-8

# Inhalt

Gottfried Kirchner
8 **Der Schatz der Tempelritter**
Spurensuche in Kastilien

Tina Radke-Gerlach
70 **Gletscher-Gold**
Die Schatzkammer im Kaukasus

Martin Papirowski und Luise Wagner
148 **Draculas Schatten**
Fahndung im Reich der Finsternis

209 Literaturverzeichnis

212 Über die Autoren

213 Bildnachweis

214 Register

**Das ist das Angenehme auf *Reisen*,
daß auch das Gewöhnliche
durch Neuheit und Überraschung
das Ansehen eines *Abenteuers* gewinnt.**

Johann Wolfgang von Goethe,
Italienische Reise, Neapel 9. März 1787

Gottfried Kirchner

# Der Schatz der Tempelritter

## Spurensuche in Kastilien

## Legenden und Fakten

Nicht erst seit dem weltweiten Erfolg von Umberto Ecos Roman »Der Name der Rose« ist das Mittelalter auch für ein breites Publikum interessant geworden. Schon zuvor hatte eine Welle von Büchern und Artikeln über ein ganz bestimmtes Kapitel dieser angeblich so finsteren Epoche den Markt überschwemmt. Gemeint ist die Zeit der Tempelritter.

Wer in diese Flut von Literatur eintauchen will, um zur Quelle der reinen Erkenntnis zu gelangen, sei vorher gewarnt. Es wimmelt darin von Ungereimtheiten und groben Fehlern, von Legenden und Mystifikationen.

Das ist kein Wunder, wenn man bedenkt, daß selbst die seriöse historische Forschung bei der Aufklärung so mancher Vorgänge aus der Ordensgeschichte noch im dunkeln tappt. Diese Schwierigkeiten erklären sich nicht zuletzt damit, daß die Templer in einem elitären Standesdünkel während der knapp zweihundert Jahre ihrer Existenz für strenge Geheimhaltung sorgten, so daß kaum etwas von den Studien und Praktiken des Ritterbundes durch die Mauern der Festungen und Komtureien nach außen drang. Als der Orden dann durch ganz Europa verfolgt wurde, gingen überdies wichtige Schriften in den Flammen verloren. Durch diesen Mangel an authentischen Dokumenten wirkt die Organisation im Rückblick noch geheimnisvoller und undurchschaubarer. Was kurz nach den Prozessen über die Templer publik wurde und dann für lange Zeit das Bild des Ordens bestimmte, stammt meist aus der Feder der Sieger – der Buchhalter von Kirche und Staat, die auch hier, wie in anderen Fällen, Geschichte schrieben.

Wer über diese einseitige Propagandaliteratur hinaus gründlich recherchiert, stößt noch heute auf Fakten, die so erstaunlich, farbig oder schockierend sind, daß es der schmückenden Ausmalung, zu der einige moderne Autoren greifen, um den jahrhundertealten Stoff spannender zu gestalten, gar nicht bedarf.

Eine bisher nicht ausgewertete Quelle berichtet von einem erschreckenden Vorfall, der für den Umgang mit den Templern eigentlich untypisch ist und nebenbei eine pikant-kuriose Note hat. Es handelt sich um Johann Heinrich Zedlers »Universal-Lexicon«, das erste wissenschaftliche Nachschlagewerk in deutscher Sprache und die umfangreichste Enzyklopädie des 18. Jahrhunderts. Dort erfährt man in Band 42 (Leipzig und Halle 1744), daß die Templer in den Niederlanden »gantz und gar ohne Proceß den Tod erlitten«. Als Beispiel wird die Stadt »Zirckzer« genannt. Einen Ort dieses Namens sucht man heute in unserem Nachbarland vergebens. Nach einigem Nachforschen haben wir jedoch herausgefunden, daß »Zirckzer« eine altertümliche Bezeichnung für das malerische Städtchen Zierikzee auf der Insel Schouwen-Duiveland in der Provinz Seeland ist.

Zierikzee wurde angeblich schon im 9. Jahrhundert gegründet; seine mächtigen Stadttore und das gegenüber dem Rathaus gelegene *Tempeliershuis* erinnern noch jetzt an die Templer-Zeit. Im Jahr 1312, als der Orden offiziell aufgelöst wurde, erhielten die Richter der Stadt einen verschlossenen Brief. Der anonyme Überbringer ordnete an, das Siegel an einem bestimmten Datum pünktlich um Mitternacht zu öffnen und den schriftlich erteilten Befehl sofort auszuführen. Die Richter gehorchten, nahmen alle in Zierikzee anwesenden Tempelritter fest und ließen sie ohne juristisches Verfahren hinrichten. Nur zwei Templer kamen mit dem Leben davon, weil sie »besagte Nacht in einem Hurenhause« verbracht hatten. Zedler hat für diese Geschichte einen zuverlässigen Gewährsmann, den holländischen Theologen Gerardus Brand (Historie der Niederländischen Reformation 1671 [Tom I., lib. I.]).

Ins Reich der Fabel gehört dagegen der Indizienbeweis, mit dem der argentinische Autor Jacques de Mahieu zu belegen versucht, daß die Templer sogar im fernen Amerika gewirkt hätten: Mahieu entdeckte an den aus der Vor-Inkazeit stammenden Ruinen von Tiahuanacu (Bolivien) in Stein gemeißelte Kreuze und behauptet, dieses christliche Zeichen sei von den Ordensrittern in die Neue Welt gebracht worden. Kenner der präkolumbischen Kulturen Südamerikas wissen aber, daß es Kreuz-Darstellungen im Andenraum gab, lange bevor der Kontinent durch die Spanier erobert und christianisiert wurde. Für die Indianer war das Kreuz ein kosmisches Symbol, das in einfacher geometrischer Form ihr Weltbild ausdrückte, wobei die Kreuzarme für die vier Himmelsrichtungen und die beiden Weltachsen (Nord-Süd, Ost-West) stehen. Ein eindrucksvolles Beispiel hierfür ist das sogenannte »Haus mit den drei Kreuzen« in Garo, der verfallenen Hauptstadt der Yaro-Kultur im Osten Perus.

Jacques de Mahieu wartet aber mit einem noch sensationelleren Fundstück auf: einem merkwürdigen Siegel, das erst vor wenigen Jahren im französischen Staatsarchiv entdeckt

Das Siegel Secretum Templi mit dem mysteriösen »Indianer«

Gnostische Gemme mit dem Zaubergeist Abraxas (200 n. Chr.)

worden war. Dieses Siegel hängt an einem Brief, den ein gewisser André de Coulours schrieb, Vorsteher der Templer-Kommende des gleichnamigen Dorfes in den »Pays d'Othe«, einer Landschaft in Ostfrankreich. Die kreisrunde Wachsprägung enthält in Umschrift die Worte *Secretum Templi* – »Geheimnis des Tempels«. Die zentrale Figur deutet Mahieu allen Ernstes als Indianer mit Federschmuck und gespanntem Bogen! In Wahrheit ist hier ein menschlicher Rumpf mit Hahnenkopf und Schlangenbeinen abgebildet, das magische »Abraxas«-Motiv der griechisch-orientalischen Gnostiker. – Auf die Beziehungen der Templer zu dieser spätantiken Geheimsekte kommen wir noch zu sprechen.

Aufgrund seines internationalen Charakters wurde in vielen Sprachen über den Orden geschrieben. Vor allem in Frankreich und England existiert eine reiche Spezialliteratur. Im deutschen Sprachraum sieht es dagegen eher bescheiden aus. Seit den Standardwerken von Konrad Schottmüller (1887), Hans Prutz (1888) und Heinrich Finke (1907) ist keine fundierte und zugleich allgemeinverständliche Monographie mehr erschienen. Das ist bedauerlich, weil die Rolle der Templer und ihre Nachwirkungen auch bei uns ein stärkeres Interesse verdienen. So wäre es sicher reizvoll zu erfahren, welche Zeugnisse aus der Templerzeit noch in den alten brandenburgischen Besitzungen Tempelhof (Berlin), Tempelberg (über Fürstenwalde/Spree) und Tempelfelde (über Bernau/Berlin) vorhanden sind oder welche Verbindungen zum Orden das sogenannte *Tempelhaus* am Marktplatz von Hildesheim hatte.

Zahlreiche Legenden und Spekulationen ranken sich auch um das angebliche Weiterleben des Templerordens nach seiner offiziellen Aufhebung durch den Papst im Jahr 1312. Wenn man dem Buchtitel des französischen Autors Gérard de Sède »Die Templer sind unter uns« (1963) folgt, dann existiert die Organisation noch heute.

Die herausragende Stellung des Ordens; seine Machtfülle, die er fast zweihundert Jahre lang souverän demonstrierte und von der zweifellos eine starke Faszination ausging; der unermeßliche Reichtum, den die Ritter durch geschickte Finanzaktionen – aber, so wurde gemunkelt, auch durch Beherrschung von Zauberkünsten oder dunkle Geschäfte mit den Sarazenen – angesammelt hatten: All dies nährte schon im späten Mittelalter das Gerücht, die Bruderschaft sei durch die einsame Entscheidung des Papstes nicht ein für allemal ausgelöscht worden,

Die Banner der Johanniter (links) und Templer (rechts); oben das Tatzenkreuz in seiner ältesten Form. Englische Handschrift nach 1239 sondern wirke im verborgenen weiter. Noch 1779 behauptete Karl Gottlob Anton, einer der ersten Templer-Forscher: »Es sollen sich noch an drey Orten, in Rom, Köln und Tirnau (Slowakei) Tempelherren in ihren alten Wohnungen und in ihren ehemaligen Kleidern befinden, welche sich aber nicht in ihrem Ordenshabite über eine Viertelmeile von der Stadt entfernen dürfen, wenn sie nicht für vogelfrey wollen gehalten werden.«

Außerdem gab es immer wieder Versuche, die Tradition der Templer neu zu beleben. Im 18. Jahrhundert versicherten Gruppen von Freimaurern, sie seien die einzig legitimen Nachfolger des Ordens. Daraus entstand dann in Frankreich der *Ordre du Temple,* in England die Sektion der *Knights Templars.* Im 19. und 20. Jahrhundert schmückten sich vor allem esoterische Vereine mit dem Templer-Etikett. In gefährliche Nähe zur faschistischen Rassenideologie geriet dabei der 1900 von Adolf Josef Lanz gegründete *Ordo Novi Templi.*

Seit 1957 gibt es in der Bundesrepublik auch einen Deutschen Tempelherren-Orden, der sich als ökumenische Gemeinschaft versteht. Sein Wappen zeigt allerdings nicht das alte, authentische Tatzenkreuz der Templer, sondern das achtspitzige Kreuz der Johanniter bzw. Malteser. Schon diese kleine Äußerlichkeit beweist: Keine dieser Nachfolgeorganisationen und späteren Templer-Vereinigungen steht mit dem Ritterorden des Mittelalters in geschichtlichem Zusammenhang.

Wo in Europa kommt man den echten Tempelrittern heute noch besonders nahe? Wo spürt man, nach fast 700 Jahren, noch etwas vom Geist ihrer Epoche? Wir haben uns entschieden, unsere Recherche auf Spanien zu konzentrieren. Natürlich bieten auch Frankreich und England eine Vielzahl an Erinnerungen und Monumenten. Aber gerade auf der Iberischen Halbinsel blieben die sichtbaren Überreste des Ordens – Kirchen, Kapellen und Burgen – nahezu unverfälscht erhalten, anders als in den übrigen, stark industrialisierten Regionen Europas.

In Spanien findet man auch noch zahlreiche Zeugnisse der arabischen Kultur, die das Land über Jahrhunderte prägte und von der die Templer wichtige Elemente übernahmen: Bewässerungsanlagen, Festungssysteme, Architekturformen und – nicht zu vergessen – das Know-how muslimischer Ärzte und Mathematiker.

## Tote Dörfer in Soria

Der geographische Raum unserer Spurensuche und die Schauplätze dieser Geschichte liegen hauptsächlich im Norden Spaniens, in Altkastilien. Aus Frankreich kommend, erreicht man das Gebiet am schnellsten über die Autobahn Barcelona – Bilbao (E 804), die man auf der Höhe von Tudela verläßt, um auf der Landstraße westwärts zu fahren. Von Madrid aus, also vom Süden, nimmt man die E 90 bis Medinaceli und hat damit die Provinz Soria schon erreicht.

Soria erscheint nur selten in den Prospekten des spanischen Fremdenverkehrsamtes. Es ist ein rauhes, auf den ersten Blick nicht gerade einladendes Bergland mit einer Fläche von 10 301 Quadratkilometern. Die Hochebene wird von bizarren Gebirgszügen umzingelt und durchkreuzt. Im Norden schirmen die Sierra de Urbión und die Cebollera sie gegen das Weinparadies von Rioja ab; im Osten bildet der mächtige Kegelstumpf des Moncayo die Grenze zum mediterranen Aragón; im Süden blockiert die Sierra de Guadarrama den freien Zugang nach Neukastilien.

Der deutsche Archäologe Adolf Schulten, der die Gegend zu Anfang unseres Jahrhunderts bereiste, bezeichnete Soria als den »traurigsten Teil der traurigen kastilischen Hochebenen«. Die Region ist geprägt von extremen Temperaturen –

harten, schneereichen Wintern und sengend heißen, staubigen Sommern. Über die meist baumlosen Flächen braust unablässig der Cierzo, der gefürchtete Nordwind. Nur an den Ufern des Duero, wo die rote Erde von Soria leicht bewässert werden kann, findet man Gemüseplantagen und schmale Weinfelder. Der Señorío del Tallar ist ein ausgezeichneter Tropfen, leider viel zu rar, um auch in deutsche Supermärkte exportiert zu werden.

Die Provinz Soria ist einer der ärmsten und am dünnsten besiedelten Landstriche Spaniens: Auf einen Quadratkilometer kommen gerade mal neun Einwohner. Touristen trifft man hier kaum. Und doch hat dieser einsame Winkel seinen besonderen, unverwechselbaren Reiz. Umgeben von großartigen Landschaftspanoramen, öffnet sich dem Reisenden eine einzigartige Schatzkammer mit seltenen und staunenswerten Zeugnissen aus vergangener Zeit.

Die erste Begegnung mit der Geschichte löst freilich einen Schock aus. Auf unserem Streifzug durch die Provinz stoßen wir immer wieder auf tote Dörfer: eingestürzte Hauswände, heruntergebrochene Dächer, geborstene Sandsteinportale – Bilder wie nach einem Bombenangriff. Ein Gang durch die Ruinen ermöglicht Einblicke in die traditionelle Bauweise: Die Mauern wurden aus gebrannten Lehmziegeln errichtet und durch einfaches Ständerfachwerk zusammengehalten. Schwere rote Dachziegel schützten die Gebäude vor Sonnenstrahlung und Schneelasten.

In Deutschland wäre dieses Chaos längst entrümpelt und beseitigt worden; hier überläßt man alles dem Zahn der Zeit. So ist es nicht verwunderlich, wenn man in der himmelsoffenen Halle einer gotischen Kirche noch Reste der barocken Altarverkleidung findet oder – am leeren Pfarrhaus gleich nebenan – einen typischen, aus Holz geschnitzten Fensterladen mit filigranem Beschlag; Gegenstände, die in Madrider Antiquitätenläden teuer gehandelt werden.

Man weiß: Die Region hatte ein paar höchst unerfreuliche Rendezvous mit der Geschichte, sie wurde von Aufständen und Kriegen heimgesucht. Die Chronisten halten bedrückende Erinnerungen an Seuchen und Hungersnöte fest; an schreckliche Zeiten, in denen die Bauern wie Gespenster übers Land irrten, Wurzeln nagten und mit den Knochen der Toten, die sie aus ihren Gräbern gezerrt hatten, die Rinde von den Bäumen schälten.

Provinz Soria

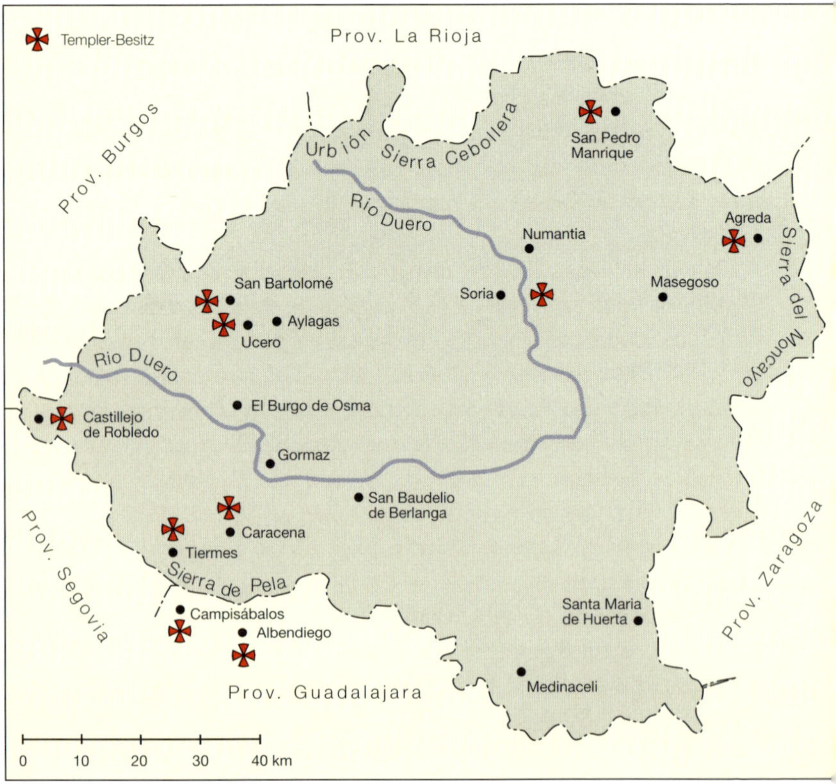

Aber das Schicksal von El Negredo, Santibañez de Ayllon, Sotillos de Caracena oder Rebollosa de los Escuderos – alles Dörfer, durch die wir im Herbst 1994 kommen – verlief weniger dramatisch: ein eher beiläufiger, fast lautloser Exodus. Die Häuser dort wurden erst in den fünfziger Jahren verlassen, weil der Regen – gegen alle Bauernregeln – immer häufiger ausblieb und der karge Boden nichts mehr hergab. Weil die neue Straße kilometerweit am Ort vorbeigeplant – und später auch so gebaut wurde –, statt ihn zu erschließen. Weil der letzte Bewohner – ein alter Mann, der unbedingt bleiben wollte – nicht mehr die Kraft hatte, sein eigenes Grab zu schaufeln, und schließlich doch zum Enkel in die nächste Stadt zog, die nie seine Heimat war. Im Leben jedes einzelnen Menschen waren das tiefe Einschnitte, die seine Existenz radikal veränderten. Aber die Soziologen und Statistiker in den Provinzzentren oder im fernen Madrid buchten das Phänomen der toten Dörfer unter dem blassen Stichwort »Landflucht« ab.

Masegoso liegt südlich der B 122, die Soria mit Zaragoza verbindet, und ist bereits vor über einem Jahrhundert gestorben. Schon von weitem erkennt man den hohen, fensterlosen Wachturm, der vielleicht noch aus arabischer Zeit stammt; darunter zerfallene Stallungen und Trümmer von Gebäuden, die einst als Wohnungen dienten. Ein paar Schritte entfernt erhebt sich der massige Klotz einer Kirche; im Inneren sind noch die gotischen Kreuzrippen zu sehen. Masegoso gilt als *pueblo maldíto,* als »verfluchter Ort« in einem bösen, von unheimlichen Wesen verwünschten Land. Wie bei vielen anderen Dörfern in der Umgebung, geistern auch hier Sagen um den Untergang einer wohlhabenden Gemeinde. Es begann mit rätselhaften Todesfällen, die immer rascher aufeinander folgten. Bald gab es kein Haus mehr, in dem nicht bei einer Leiche Wache gehalten wurde. Die letzten Überlebenden trafen sich in der Kirche, wo der Priester Gott um seinen Schutz anflehte. Das tiefe Schweigen während der Messe wurde nur durch das dumpfe Geräusch eines fallenden Körpers unterbrochen. Das geschah mehrere Male. Als der Pfarrer die letzten Worte gesprochen hatte, brach auch er tot zusammen.

Nach der Überlieferung waren alle Einwohner vergiftet worden. Angeblich hatten schwarze Kröten das Trinkwasser aus dem Dorfbrunnen verseucht. Dieser Brunnen liegt in einer feuchten Senke zwischen dem Wachturm und der Kirche. Schwarze Kröten gibt es hier längst nicht mehr. Aber wir wollten der alten Sage auf den Grund gehen und baten Experten, das Wasser zu analysieren.

Ein Taucher seilt sich in den engen, sorgfältig gemauerten Brunnenschacht ab und bringt einige Proben vom Boden hoch. Währenddessen schließt der Hydrotechniker ein elektrometrisches Gerät mit zwei Elektroden an, um in wenigen Minuten den pH-Wert zu messen. Der zeigt an, ob das Wasser sauer, alkalisch oder neutral ist. Hier beträgt er 6,58 und das bedeutet: fast rein. Aber als wir später die Analyse der übrigen Proben aus dem Labor erhalten, verändert sich das Untersuchungsergebnis entscheidend: Geruch und Geschmack des Brunnenwassers sind unangenehm, es enthält eine große Menge oxidierbarer organischer Stoffe und weist eine extrem hohe Nitratkonzentration auf. Diese gefährliche Stickstoffverbindung kann auch durch Abkochen nicht beseitigt werden. Fazit: Das Wasser ist viel zu stark belastet und deshalb nicht trinkbar. Selbst die schwarzen Kröten aus der Sage hätten darin kaum überlebt.

Etwa 800 Meter westlich des Geisterdorfes stößt man inmitten abgeernteter Felder auf eine sehr alte Brücke. Sie überquert den Rio Rituerto, der, wie uns Leute aus den Nachbarorten erzählen, schon seit Jahren kein Wasser mehr führt. Das Bauwerk ist halb im Boden versunken und fast zugewachsen. Aber noch immer erkennt man die solide Mauerung aus Bruchsteinen, drei harmonisch geschwungene Bögen und – nur auf einer Seite – die spitz zulaufenden Strömungsteiler, die anzeigen, aus welcher Richtung der heute verschwundene Fluß kam.

Nachdem Arbeiter die Dornensträucher und das hohe Binsengras beseitigt haben, graben wir uns mit Spaten und Spitzhacke an den Brückenpfeilern entlang bis zum Fundament. Es besteht aus einem zementähnlichen Mörtel aus Vulkanerde, Kalk und Quarzsand, in den kleine Kiesel eingebettet sind. Das Ganze ergab eine Masse, die auch unter Wasser fest wurde und modernem Beton vergleichbare Eigenschaften besaß: wasserdicht, eisenhart und (fast) unverwüstlich. Diesen Baustoff benutzten schon die Römer. Da er nach ihnen für lange Zeit aus der Mode kam, stammt die Brücke von Masegoso zweifellos aus römischer Zeit.

Die Römer, die einst ganz Spanien beherrschten, hatten mit dieser Provinz ihre besonderen Probleme. Soria war das Kernland der Keltiberer, der Ureinwohner des Landes. Die wehrten sich mit allen Mitteln gegen fremde Besatzer. Das war eine neue Erfahrung für die erfolgsverwöhnten Römer, die bei der Eroberung der spanischen Küstengebiete auf keinen nennenswerten Widerstand gestoßen waren. Bei ihrem Vormarsch auf die zentrale Hochebene holten sie sich schnell blutige Köpfe. Ihre Truppen wurden von kleinen, beweglichen Einheiten angegriffen, gerieten unversehens in Hinterhalte und wurden Opfer einer ihnen bislang unbekannten Taktik: der *guerilla,* des Kleinkrieges. Nach zahlreichen Verlusten und demütigenden Friedensverträgen mit den Aufständischen gab es für Roms Militärstrategen nur noch ein Ziel: Numantia, die Hauptstadt der Keltiberer, mußte ausgelöscht werden.

## Der letzte Tag von Numantia

1585 schrieb Miguel de Cervantes, der Schöpfer des unsterblichen *Don Quijote,* ein heute kaum noch gespieltes Drama mit dem Titel *El cerco de Numanica* – »Die Belagerung von Numantia«. Darin arbeitet der Dichter mit großem Personalaufwand und barocker Sprachgewalt ein Kapitel aus der Geschichte seines Landes auf, das mehr als 1700 Jahre zurücklag. Das Ereignis von damals hatte offenbar eine ungeheure Bedeutung und Nachwirkung.

Numantia war weder eine glänzende Metropole noch übermäßig befestigt. Drei Ringwälle umgaben einen sanft ansteigenden Hügel, der relativ leicht zu erstürmen war. Der deutsche Archäologe Adolf Schulten, der 1905 dort mit Ausgrabungen begann, charakterisierte den Ort so: »Eine kleine und armselige Barbarenstadt von nur sieben Hektar Fläche – das ist das berühmte Numantia, das zwanzig Jahre hindurch der Schrecken eines Weltreiches gewesen ist.«

Im Sommer 153 v. Chr. wehrten die Keltiberer erstmals einen Angriff ab, bei dem die Römer sogar zehn Elefanten einsetzten, ein Geschenk ihres nordafrikanischen Verbündeten Massinissa. Aber die Tiere versetzten nicht die Verteidiger in Schrecken, sondern lösten unter den römischen Soldaten Panik aus, als sie, von Steinen am Kopf getroffen, blindwütig alles in ihrer Nähe niedertrampelten.

Im Frühjahr 141 v. Chr. stand ein neues Heer von etwa 30 000 Mann vor den Mauern Numantias. Der Anführer Quintus Pompeius scheute die Erstürmung und zog eine offene Feldschlacht vor, bei der jedoch die Numantiner die Oberhand behielten.

Schließlich hatte der Senat in Rom die ständigen Niederlagen satt und drängte den tüchtigsten Politiker in seinen Reihen, das Kommando in Spanien zu übernehmen: Publius Cornelius Scipio (der Jüngere), der das widerspenstige Karthago bezwungen hatte. Sofort nach seiner Ankunft räumte Scipio unter der disziplinlosen Mannschaft auf. Er wies 2000 Prostituierte aus dem Lager, dazu Händler, Wahrsager und andere Schmarotzer, die mit einer Armee im Wartestand nur Geschäfte machen wollten. Jetzt stöhnten die Soldaten unter der schweren Schanzarbeit, die Scipio im Umkreis von Numantia befohlen hatte. Ab September des Jahres 134 v. Chr., als immer mehr Gräben ausgehoben und Palisaden errichtet wurden, durchschauten auch die Verteidiger auf dem Hügel die Absicht des römischen Feldherrn: Ihr Hauptquartier sollte eingekesselt und ausgehungert werden. Schließlich umschloß ein perfekter Belagerungsring die Stadt, verstärkt durch eine Mauer mit hölzernen Türmen, auf denen Steinschleudern aufgestellt waren.

Die Numantiner erkannten, daß sie sich nur noch durch Angriff verteidigen konnten. Doch mehrere verzweifelte Aus-

*Alejo Vera (1881)*: Der letzte Tag von Numantia. *(Provinzialverwaltung Soria)*

brüche oder Versuche, aus Nachbarorten Hilfe herbeizuholen, schlugen fehl. Das Ende war grauenhaft: Den Keltiberern gingen die Lebensmittel aus. Sie kochten erst Tierfelle weich, dann verzehrten sie Menschenfleisch, zunächst von Kranken oder Sterbenden. Später tötete man die Schwächeren, um sich von ihren Körpern zu ernähren.

Im Treppenhaus der Provinzialverwaltung von Soria hängt ein riesiges Ölgemälde. Dieser typische Historienschinken von Alejo Vera (1881) hält fast fotorealistisch den »letzten Tag von Numantia« fest. Dicke Rauchschwaden ziehen durch die eroberte Stadt. Auf der rechten Seite ist ein Trupp römischer Soldaten durch eine Mauerbresche eingedrungen und verharrt entsetzt vor dem Anblick, der sich ihm bietet. Leichen liegen am Boden; Krieger, Frauen, ein Kind. Ein Mann stößt sich ein Kurzschwert in die Brust. Eine Frau mit weit aufgerissenen Augen trinkt aus einem Becher.

Wie der antike Schriftsteller Polybios berichtet, der Scipio auf seinem Feldzug gegen Numantia begleitet hat, begingen die letzten Hüter der Stadt Selbstmord, um nicht als Sklaven unter den verhaßten Siegern weiterleben zu müssen. Andere – so der Geograph Strabo – erzählen, die Keltiberer hätten sich mit dem Sud aus einer Giftpflanze umgebracht, durch den die Unglücklichen wenigstens »schmerzlos gestorben« seien. Von wegen schmerzlos! Die Numantiner brauten ihren Todestrank aus der Schierlingspflanze, die überall in Europa wächst und deren Blätter man leicht mit denen der Petersilie verwechselt, ihre Wurzeln mit Sellerieknollen. Die im Schierling enthaltenen Stoffe *Coniin* und *Cicutoxin* verursachen schon nach kurzer Zeit Lähmungen, die von den Beinen her nach oben steigen. Es kommt zu Übelkeit, heftigem Erbrechen, Schwindelanfällen, starken Krämpfen und Herzschwäche. Schließlich wird das Atemzentrum blockiert. Wer immer den Schierlingsbecher geleert hat, ist elend erstickt.

Ein ödes Ruinenfeld, ein paar römische Säulen, Hausfundamente, Straßenzüge mit tiefer gelegten Kanälen – das ist Numantia heute. Der Ort, nur sieben Kilometer nördlich der Provinzhauptstadt Soria, enttäuscht den Besucher. Es gibt weit eindrucksvollere Zeugnisse der Römer in Spanien, so den Aquädukt von Segovia oder Mérida mit seiner Granitbrücke und dem Theater.

Um so interessanter ist das, was die Keltiberer in Numantia hinterlassen und die Archäologen später ausgegraben haben. Die Fundstücke sind im *Museo Numantino* von Soria zu besichtigen. Unter den Gegenständen fallen ein paar Tonkugeln von etwa sieben Zentimeter Durchmesser auf, die aus Numantia stammen. Alle sind mit seltsamen Mustern verziert. Eine Kugel ähnelt auf verblüffende Weise einem Golfball. Andere zeigen unterbrochene Linien oder Markierungen wie auf einem Globus, wo sich Längen- und Breitenkreise kreuzen. Manche sind hohl, enthalten im Inneren aber ein Steinchen, das Geräusche macht, wenn man die Kugel schüttelt.

Waren es Rasseln, also Spielzeug für Kinder? Trug man sie als wundertätige Amulette gegen Krankheiten? Oder rollten die Zauberpriester der Keltiberer solche Kugeln in die Vertiefungen einiger Steinplatten auf dem antiken Gelände und sagten aus der Konstellation ihrer magischen Zeichen die Zukunft voraus? Prophezeite dieses schicksalhafte Murmelspiel auch den Untergang von Numantia? Der Zweck der Tonkugeln bleibt rätselhaft.

## Das Fest des brennenden Stiers

Viele Objekte aus den versunkenen Städten der Ureinwohner, die im Museum ausgestellt sind, zeigen ein zentrales Motiv, das der Betrachter zwangsläufig mit Spanien verbindet: den Stier. Auf eine Keramikvase ist mit roter und schwarzer Farbe ein Stierkopf gemalt, der an beiden Seiten kleine Löcher mit herabhängenden Schnüren aufweist. Das ist kein naturalistisches Tierporträt, sondern die Darstellung einer dämonischen Maske, die sich ein Priester bei einem Stierzauber vor sein Gesicht binden konnte.

Der Kult um den Stier geht in Spanien auf eine Zeit weit vor der Geschichte zurück. An diese dunkle Vergangenheit erinnert der *Toro jubilo,* der »Jubelstier« von Medinaceli. Diese einzigartige Zeremonie, nicht vergleichbar mit anderen landestypischen Kampfspielen, findet jedes Jahr in einer rauhen Novembernacht in der kleinen Gemeinde am Südrand der Provinz Soria statt. Das Schauspiel wird mitten im Ort aufgeführt, in seinem historischen Kern, nicht in einem jener scheußlichen Stadien, in die das Publikum der Großstädte zur *Corrida* strömt.

Oft diente im alten Spanien der Marktplatz zu bestimmten Zeiten als Stierkampfarena. Das kann man noch heute in Chinchón sehen, einem beliebten Touristenziel etwa 45 Kilometer südlich von Madrid, wo Häuser aus früheren Stilepochen einen großen, ovalen Platz umrahmen. Auch in der verwinkelten Altstadt des ehrwürdigen Tarazona (Provinz Zaragoza) hat sich die *Plaza vieja de Toros* erhalten. Dort hatte man 32 Häuser in einem Achteck um die sandbedeckte Fläche herumgebaut. Von den Arkadengängen und durch zierliche Säulen gegliederten Altanen an der Innenseite konnten die Zuschauer früher den Stierkampf direkt verfolgen. Inzwischen aber wurden die Balkone zugemauert, um Wohnraum zu gewinnen, und die Arena ist zu einem häßlichen, meist überfüllten Parkplatz heruntergekommen.

In Medinaceli jedoch erinnert die zur Stierfest-Bühne verwandelte *Plaza Mayor* noch an die Zeiten von Cervantes oder Goya. Ein Teil des Platzes ist mit Barrieren abgesperrt und hat

Keltiberische Vase mit Stiermaske aus Numantia. *(Museo Numantino Soria)*

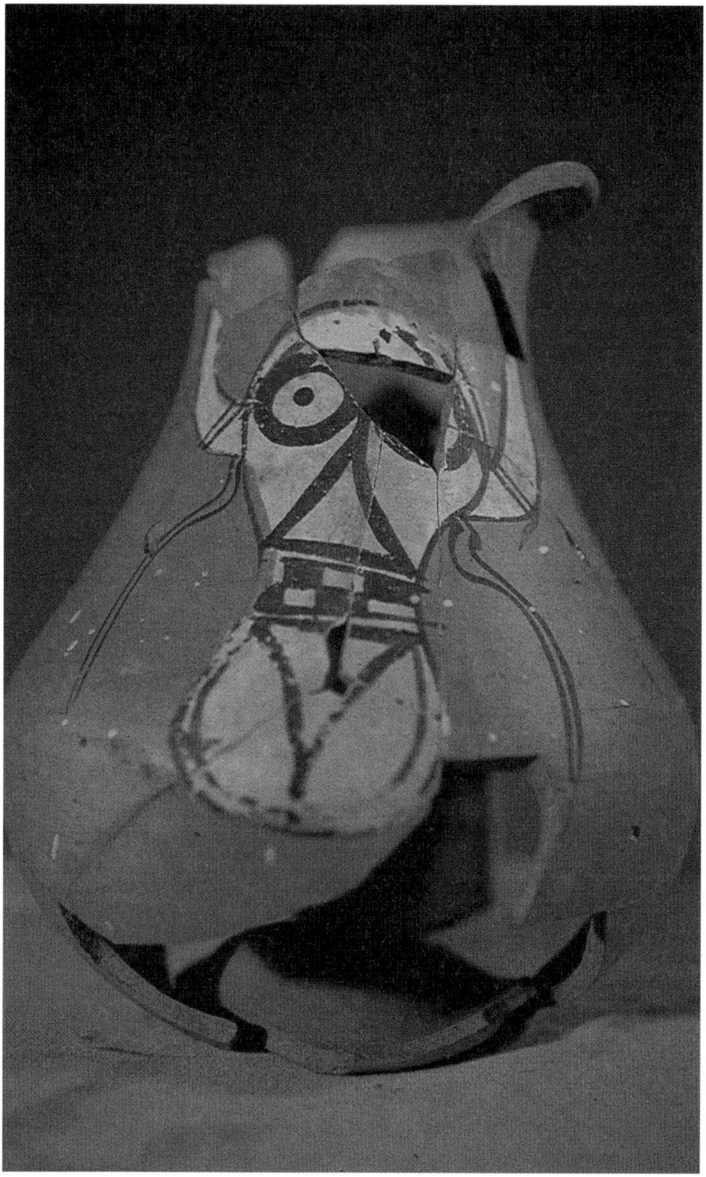

einen Sandbelag erhalten. Dahinter bildet das Ensemble von Gebäuden aus dem 16. bis 18. Jahrhundert eine malerische Kulisse.

Gegen 22.30 Uhr tritt er dann auf, der »Jubelstier«. Er muß unbedingt bravo sein, also wild und aggressiv. So führt er sich auch gleich auf; die Gruppe von Männern, die ihn zur Mitte des Platzes zerrt und an einem Pfahl festbindet, kann ihn kaum bändigen. Man macht das Tier regelrecht heiß, indem man hinter seinen Hörnern eine eiserne Gabel mit zwei dicken Pechkugeln befestigt, die in Brand gesetzt werden. Damit der Stier sich nicht an den Flammen versengt, beschmiert man den mächtigen Körper dick mit feuchtem Lehm. Das glänzend schwarze Fell verschwindet unter einer braunen, allmählich verkrustenden Erdschicht. Wie ein Fabelwesen aus grauer Vorzeit wartet der Stier jetzt auf seinen Herausforderer. Nur der Mutigste unter den Männern von Medinaceli wagt es, das erregte und gefährliche Tier vom Seil zu schneiden. Aber jedes Jahr findet sich ein Held, und dann geht ein Aufschrei durch die Reihen der Zuschauer. Meist greift der Kampfbulle nicht seinen Befreier an, sondern tobt, völlig außer Kontrolle geraten, über den Platz. Dort hat man vorher fünf kleine Scheiterhaufen angezündet, zu Ehren von ebenso vielen christlichen Märtyrern. Nicht immer gelingt es dem Stier, diesen Brandherden auszuweichen.

Dann fliegen glühende Holzteile durch die Arena, und die Funken sprühen in den nachtschwarzen Himmel. Ein wahres Feuerwerk lodert auf, wenn das Tier seinen Kopf gegen die Holzbarriere rammt, um das lästige Joch mit den Pechkugeln abzuschütteln. Das Publikum ist begeistert, Blitzlichter erhellen die Szene. Aber nur ein paar wenige, durch Alkohol angeheizte Burschen trauen sich auf den Platz, wo sie den Bullen durch wilde Gesten auf sich aufmerksam machen und, sollte er sie verfolgen, in gespielter Panik davonlaufen.

Die Fiesta ist zu Ende, wenn die Kugeln hinter den Hörnern des Stiers und die kleinen Scheiterhaufen in der Arena heruntergebrannt sind. Anders als bei einer normalen *Corrida* wird das Tier am Schluß nicht getötet, sondern im Triumph in seinen Stall zurückgebracht, sozusagen als »jubelnder« Sieger.

Über die Ursprünge dieser Zeremonie ist so gut wie nichts bekannt. Die Einwohner von Medinaceli wissen nur, daß das Fest seit Generationen gefeiert wird. Der Pfarrer erzählt die Legende von den fünf Mönchen aus Salamanca, die in Afrika als Märtyrer starben und an welche die Scheiterhaufen erinnern. Ihre Leichen wurden auf einem Karren hierher gebracht, den ein Stier mit brennenden Flügeln zog. Vermutlich aber geht der *Toro jubilo* auf eine Mutprobe oder ein Ritual zur Aufnahme in die Männergesellschaft der Keltiberer zurück.

Kaum einer der Zuschauer, die die Bühne des Feuer-Stiers verlassen, ahnt, daß das Schauspiel genau an der Stelle stattfand, wo einst das Forum Romanum lag, der Mittelpunkt der römischen Militärbasis Ocilis. Der heutige Name Medinaceli kommt aus dem Arabischen. Die häufig zu lesende Übersetzung »Himmelsstadt« ist falsch, weil sie mit dem lateinischen Wort für »Himmel« *(caelum)* arbeitet. Das ursprüngliche *Medinet en Selim* bedeutet »Stadt des Selim«, bezeichnet also den Sitz eines muslimischen Herrschers.

Nur wenige Schritte vom Marktplatz erhebt sich als düsteres Bollwerk die arabische Burg. In der teilweise erhaltenen Stadtmauer stecken keltiberische Fundamente und römische Quader. Als die Mauren 946 hier ihren Stützpunkt errichteten, zerstörten sie diesen Schutzwall nicht, sondern bauten ihn noch aus. Und nachdem Alfons I. von Aragón, »der Schlachtenkämpfer«, 1124 die Stadt für das christliche Spanien zurückerobert hatte, ließ er als erstes den beschädigten Verteidigungsring restaurieren. So sind in der Mauer, die Medinaceli umschließt, vier Kulturgeschichten übereinander gepackt und bilden ein steinernes Geschichtsbuch.

Durch die Öffnungen des römischen Triumphbogens geht der Blick hinunter ins Tal des Rio Jalón, über das Band der Autobahn hinweg zu den abgeernteten Feldern, von deren dumpfem Ockerton sich ein paar Flecken frisch gepflügter Erde abheben. Es ist die rote Erde Sorias, satt gefärbt durch Mineralien, aber auch getränkt vom Blut unzähliger Menschen.

## Gott Amor und der Satanskult

Vor dem roten, teilweise wie ein Käse durchlöcherten Sandsteinmassiv von Tiermes erwartet man nicht, den Tempelrittern zu begegnen. Man kann sich auch kaum vorstellen, daß sie auf dem kahlen, windigen Plateau landwirtschaftliche Nutzflächen anlegten. Aber dieser abgelegene Winkel am Ende der Provinz Soria gehörte zum Einflußbereich des Ordens. Die Templer kamen häufig hierher, von Süden, über die baumlosen Kuppen der Sierra de Pela (1474 m), hinter der die Provinz Guadalajara beginnt. Sie besaßen dort feste Häuser in Campisábalos und Albendiego und schürften nach alter Überlieferung noch in den römischen Goldminen von Arroyo de las Fraguas.

Nach Tiermes zieht es Besucher heute hauptsächlich wegen der Keltiberer und Römer. Einer der ersten, der Tiermes oder Termantia untersuchte und sachkundig beschrieb, war der bereits aus Numantia bekannte deutsche Archäologe Adolf Schulten. Durch ihn und durch spätere Forschungen wissen wir, daß die mächtige Felsbastion schon zur Bronzezeit, also vor 4000 Jahren, besiedelt war. Die Anhöhe erhebt sich über einem weiten Tal, ist von mehreren kleinen Flüssen umgeben und bildet so eine natürliche Festung, die den Verkehr zwischen den beiden großen Ebenen des Duero und des Tajo kontrollierte. Man mußte dieses Bollwerk nur noch ausbauen und für den Belagerungsfall eine Trinkwasserleitung und Fluchtwege anlegen. Dies haben schon die Keltiberer getan, und die Römer übernahmen und verbesserten ihre Infrastruktur, nachdem sie das letzte Widerstandsnest der Ureinwohner 72 v. Chr. ausgeräuchert hatten.

Heute ist es auch für den Experten nicht leicht, genau zu unterscheiden, was in Tiermes keltiberisch und was römisch ist. Zu den älteren Teilen gehören sicherlich das sogenannte Sonnentor im Osten und der bis zu sechs Meter hohe, exakt aus dem Gestein herausgefräste westliche Torgang; ebenso die in den Fels gehauene Galerie am Südhang des Massivs, bei der man ein Stück der Wand stehen ließ. Vielleicht stammt auch das Theater mit seinen leicht gekrümmten Sitzreihen aus keltiberischer Zeit; man kann es sich gut als Bühne für den Stierkult und andere Rituale vorstellen.

Römischen Ursprungs sind dagegen die Mauerreste der Thermen und die Vorratskammern und Wohnungen am Fuß des Burgberges, die bis in die Ebene reichen. Man hat dort

Die Sandsteinbastion von Tiermes. Links oben das präzise herausgemeißelte Westtor

Mosaiken und Wandmalereien gefunden, sie vorsichtig vom Untergrund abgelöst und im Museum von Tiermes ausgestellt. Römische Ingenieure haben wohl auch das *Castellum aquae,* das »Wasserhaus«, errichtet, eine Art Verteilerstation, die das Trinkwasser aus den Kanälen in die verschiedenen Bezirke der Stadt leitete. Aber gerade bei diesem eindrucksvollen Bau wird die Situation kompliziert. Hier stößt man nämlich auch auf Spuren, die viel älter als alles Römische und Keltiberische zu sein scheinen.

Es sind künstliche, etwa 17 Zentimeter breite Rillen im Gestein, so flach, daß sie nie als Kanäle gedient haben können. Außerdem durchziehen sie oft ebenes Gelände, ohne das geringste Gefälle. Die meisten Rillen verlaufen im gleichen Abstand parallel nebeneinander, haben aber, über das gesamte Plateau verstreut, unterschiedliche Spurbreiten, die zwischen 1,40 Meter und zwei Meter schwanken. Das rätselhafte Streckennetz, mit dem sich die hiesigen Archäologen erst gar nicht beschäftigen, erinnert verblüffend an prähistorische Geleise, auf denen Fahrzeuge, vielleicht Schlitten mit Kufen, bewegt wurden. Solche vorgeschichtlichen Verkehrsbänder findet man in höchster Perfektion auf der Mittelmeer-Insel Gozo, gegenüber von Malta.

Auch mit dem römischen *Castellum aquae* haben die Archäologen von Tiermes ihre Probleme. Sie können bis heute nicht genau erklären, wie die Verteilerstation funktionierte, ob sie das Wasser aus den unteren Lagen durch Pumpen oder mit Hilfe eines siphonartigen Steigrohres nach oben beförderte. Das Bauwerk liegt direkt vor dem Eingang zum größten Geheimnis der Anlage, das den Touristen schon durch ein stets verschlossenes Eisengitter verborgen bleibt.

140 Meter tief bohrt sich ein mannshoher Tunnel durch den Berg. An seinen Wänden sieht und fühlt man die zahllosen Meißelspuren unbekannter Arbeiter. Undenkbar, daß dieser Stollen nur zur Wasserversorgung diente, wie die Exper-

Die Amor-Figur aus der Kirche von Tiermes

ten meinen. Bei Belagerungen konnte man ihn auch gut als Fluchtweg benutzen. In unregelmäßigen Abständen führen vier senkrechte, kreisrunde Schächte vom Tunnel nach oben zur Außenwelt. In die Wände dieser Röhren sind kleine Nischen hineingeschlagen, über die man leicht heruntersteigen konnte, um das Kanalbett zu reinigen. Andererseits ließen sich die Öffnungen oben auf dem Plateau als Fallgruben tarnen, die unvorsichtige Angreifer zeitweise kampfunfähig machten.

Beim Austritt aus dem Berg geht der Tunnel in eine offene, drei Meter hohe und einen Meter breite Galerie über, die zur Ebene hin abfällt. Dieser Teil kann aber nicht mehr zum Kanalsystem gehört haben, denn wie sollte das Wasser nach oben fließen? Wie Schulten schreibt, handelt es sich eher um einen Wehrgang, von dem man den Feind mit Steinschleudern oder Pfeil und Bogen beschoß.

Es ist bedauerlich, daß die spanischen Archäologen den imposanten und nicht geringen Anteil der Keltiberer an Tiermes so wenig erforschen. Statt dessen heben sie den römischen Einfluß hervor und bezeichnen, wie der frühere Ausgräber Blas Taracena, den Ort bereits als »spanisches Pompeji«. Das scheint maßlos übertrieben, denn bisher wurde erst ein Prozent des 150 Hektar großen Geländes freigelegt.

Im Nordosten der Sandsteinbastion, nahe den antiken Ruinen, steht seit dem 12. Jahrhundert eine bescheidene Kirche: *Nuestra Señora de Tiermes*. Ihre Fundamente ruhen auf römischem Straßenpflaster; vor der Apsis hat man Gräber der Westgoten gefunden. Nur die Kapitelle der Vorhalle verraten die Kunstfertigkeit der romanischen Steinmetzen. Was sie hier schufen, ist keine bloße Dekoration, sondern – wie bei allen mittelalterlichen Kirchen – ein bewußt zusammengestelltes Bildprogramm. So sollten zum Beispiel die Zentauren und Greifen, groteske Fabelwesen aus antiken Sagen, das Böse von den geweihten Mauern fernhalten.

In *Nuestra Señora* sucht man heute vergebens einen Altar. Als das Gotteshaus noch einen besaß, befand sich dort eine gläserne Vitrine, darin eine etwa 50 Zentimeter große Marmorfigur. Sie stellt einen schlafenden Knaben dar, der mit gekreuzten Beinen auf einer Steinplatte liegt. Heute wird diese Skulptur im *Museo Numantino* von Soria aufbewahrt. Jahrhundertelang verehrte man sie als wundertätiges Gnadenbild, obwohl sie in Wahrheit eine römische Arbeit aus den Trümmern des alten Tiermes war. Die Gläubigen hielten den schlafenden Putto für eine Art Christkind, dem man heilende Kräfte zuschrieb.

Tatsächlich ist es der kleine Gott Amor, der sich von seinen erotischen Abenteuern ausruht. In der linken Hand hält er die Zauberpflanze *Mandragora* oder *Alraune*, ein Nachtschattengewächs aus dem Mittelmeerraum. Der Genuß seiner gelbroten Früchte wirkt betäubend, und der fast schon unheimlich menschenähnliche Wurzelstock – deshalb auch

»Galgenmännlein« genannt – galt als Talisman. Sein Besitzer konnte damit Schätze aufspüren, Geld gewinnen und Glück in der Liebe erlangen. Nach dem Volksmund durfte man das Kraut nur in der Johannisnacht und mit fest verstopften Ohren ausreißen, da es sich mit einem todbringenden Schrei zu wehren pflegte. Als Kopfkissen dient dem Knaben von Tiermes ein Totenschädel, das Sinnbild der Vergänglichkeit. Das schon in der Antike gängige Motiv wurde von den Künstlern der Renaissance und des Barock neu aufgegriffen und erscheint als beliebtes Versatzstück in ihren *Vanitas*-Bildern.

Alraun oder *»Galgenmännlein«*. Herbarius zu teutsch, *Augsburg 1488*

Bis zum spanischen Bürgerkrieg 1936–39 schlummerten in der Kirche des nahegelegenen Dorfes Montejo de Tiermes alte Akten, die seitdem verschwunden sind. Sie enthielten unter anderem den Bericht über einen lange zurückliegenden Rechtsstreit zwischen der Gemeinde und den Tempelrittern aus Campisábalos jenseits der Sierra de Pela. Bei diesem Prozeß ging es um den Raub unserer kleinen Statue. Die Templer verteidigten sich damit, die von Montejo betreute Einsiedelei in Tiermes sei verlassen; sie wollten das Gnadenbild in ihrer Klosterkirche daher wohl verwahren und anbeten.

Dem Dokument war eine seltsame Legende beigefügt: Ursprünglich hatte der Jesusknabe ein Kissen unter dem Kopf. Die Ritter aus Campisábalos aber wollten die Figur für einen Satanskult mißbrauchen, entfernten das Marmorkissen und stellten einen Totenschädel darauf. Durch ihn sollte der Teufel zu ihnen sprechen. Doch der Himmel rächte sich, ein Blitz traf das verruchte Ordenshaus, und die bösen Ritter wurden unter den Trümmern begraben. Am Morgen danach kehrte die Skulptur auf wundersame Weise wieder in die Kirche von Tiermes zurück. Nur lag jetzt unter dem Kopf des Kindes der geschwätzige Schädel der Templer – als Zeichen, wie Christus über Tod und Hölle siegt.

Der Raub des kleinen Amor, der die Tempelritter mit Tiermes verbindet, mag eine Sage sein. Haben auch die drei geköpften, in lange Gewänder gehüllten Statuen mit ihnen zu tun, die in der Vorhalle der Kirche *Nuestra Señora* angebracht sind? An der Wand ist eine Inschrift zu lesen: »Domenicus Martin hat mich gemacht. Das war im Jahre 1182. Gebt, und es wird euch gegeben!« Aber auch der letzte Satz stellt keinen Zusammenhang mit den Templern her. Ihr Wahlspruch lautete: »Nicht uns, Herr, sondern Deinem Namen gib Ehre.« Sicher ist also nur, daß der Orden das Gebiet von Süden her kontrollierte und daß es in Tiermes zeitweilig eine Bruderschaft gab.

## Der Hügel der Katastrophe

Um 1150 traten die Ritter mit dem weißen Mantel und dem roten Tatzenkreuz erstmals in Kastilien auf. Zu dieser Zeit war die Front gegen das islamische Spanien schon weit nach Süden vorgeschoben und verlief etwa auf der Höhe des Tajo. Befreit war das Land am Duero, der lange die Grenze zwischen den christlichen Staaten und dem Reich des Kalifen gebildet hatte.

Weithin sichtbar erheben sich noch heute über der Duero-Ebene die gewaltigen Ruinen von Gormaz, damals die größte arabische Festung im Abendland. Der als unbezwingbar geltende Brückenkopf besaß zehn Meter hohe Mauern, 24 Türme und einen Umfang von 1000 Metern – eine geballte Herausforderung für die Könige von Kastilien. Im Jahr 1087

Festung Gormaz von Osten

konnte El Cid, Spaniens legendärer Volksheld, diese Schlüsselstellung endlich knacken.

Nachdem andere den Erzfeind bereits verjagt hatten, begannen die Templer, das verwüstete Land wieder zu besiedeln und zu kultivieren. Das schien im Schutz jener Burgen, mit denen Kastilien regelrecht gespickt war und die ihm seinen Namen gegeben hatten, leicht zu sein. Aber es entsprach nicht ihrer ursprünglichen Aufgabe.

Der Orden war 1119 in Jerusalem gegründet worden, um die Pilger im Heiligen Land zu schützen und die Stätten der Christenheit von den Sarazenen zu befreien. Die Bezeichnung *Fratres militiae templi* bezog sich auf ihr Hauptquartier nahe dem alten Tempel König Salomos. In den riesigen Kellergewölben der »Stallungen Salomos« war die Kavallerie des Ordens untergebracht. Darüber erhob sich die 715 vollendete Al-Aqsa-Moschee, deren Säulenrundbau mit der Kuppel die eine Seite des offiziellen Templer-Siegels schmückt.

Der schon zu Lebzeiten berühmte Kirchenlehrer Bernhard von Clairvaux, eigentlich ein Zisterzienser, feilte die Regeln des Ordens aus, der 1139 direkt dem Papst unterstellt wurde. Das war der Anfang einer Entwicklung, wie sie kein anderer geistlicher Ritterorden jener Zeit erlebte. Hier lag der Keim zu einem sich schon bald über alle Institutionen hinwegsetzenden Unabhängigkeitsstreben der Templer, das Kirche und Staat noch große Probleme bereiten sollte.

Für die weltlichen Herrscher war der Orden unantastbar. Die Päpste hätschelten ihn als Privatarmee und statteten ihn mit außergewöhnlichen Privilegien aus: Die Templer brauchten keine Steuern zu zahlen und durften als einzige Christen Geld gegen Zinsen verleihen. Im Mittelalter galt das als schmutziges Geschäft, das man normalerweise den geächteten Juden überließ. Die Templer jedoch scherte das wenig. Aus den »Streitern Christi« und der Leibgarde des Papstes wurde im Verlauf der Kreuzzüge eine internationale Miliz un-

Mittelalterliche Küche im Kloster Santa Maria de Huerta

ter dem Zeichen des Kreuzes – halb Krieger, halb Mönche, straff geführt und perfekt organisiert.

Aber die Eroberung Palästinas brachte nicht den Erfolg, den sich das Abendland gewünscht hatte. Es gab nicht nur herbe Rückschläge, es kam auch zu Reibereien und Konflikten zwischen den Templern und anderen christlichen Armeen. So verlagerte der Orden seine Aktivitäten immer mehr von den Schlachtfeldern des Orients auf die Agrar- und Finanzmärkte Europas. Gleichwohl nahm er auch hier an Kampfhandlungen teil, und zwar in jenen Ländern, über denen noch die Fahne des Propheten wehte: in Spanien und Portugal.

Am 16. Juli 1212 stehen sich bei *Las Navas de Tolosa* die Heere der Christen und der Mauren gegenüber. Kalif An-Nasir bietet etwa 250 000 Krieger auf. Die christliche Seite vereint Truppen aus Kastilien, Navarra und Aragón, deren Stärke nicht überliefert ist. Sie werden unterstützt von einer Armee französischer Kreuzfahrer und einem starken Templer-Kontingent.

Das strategische Talent König Pedros II. (»des Katholischen«) von Aragón und seines Nachbarn Sancho VII. (»des Starken«) von Navarra entscheidet das Gemetzel in den Bergen Andalusiens: Es endet mit einer blutigen Niederlage der Sarazenen. Der Kalif flieht – angeblich durch einen geheimen Tunnel – nach Jaen, und Alfons VIII. von Kastilien erbeutet das Banner der Almohaden. Das fein gewirkte und reich gemusterte Tuch trägt die Inschrift:

»Ich nehme zu Gott meine Zuflucht vor Satan dem Gesteinigten. Im Namen des barmherzigen und mitleidigen Gottes: Gott segne ihn und gebe ihm Frieden.« Welche Toleranz spricht aus diesen Worten, und welcher Fanatismus hatte die beiden großen Religionen aufeinander gehetzt!

Im Arabischen heißt die Kampfstätte von Las Navas noch heute *Al Ycab* – »Hügel der Katastrophe«. Von diesem Desaster hat sich der Islam in Spanien nie mehr erholt. Das Imperium der Mauren zersplitterte in zahllose Kleinstaaten *(taifas)*, welche die christlichen Fürsten sich in den nächsten zweihundert Jahren Stück für Stück einverleibten.

Das historische Schlachtfeld wird heute von der Autobahn Madrid – Granada (E 05) in zwei Hälften zerschnitten. Man verläßt sie bei La Carolina, wandert über ein zerklüftetes Gelände und steht dann vor den kümmerlichen Resten des sogenannten »Adlerturms«, einem Teil der arabischen Festung, die im Befreiungskrieg gegen Napoleon in Flammen aufging. Sonst erinnert hier nichts mehr an das Massaker von 1212, das Spaniens Schicksal entschied.

Anders in Santa Maria de Huerta, im Südosten der Provinz Soria. Dort, im 1162 gegründeten Zisterzienser-Kloster, hat man die Helden der Schlacht von Las Navas verewigt. 1779 malte ein gewisser Conchillos zwei Fresken in der Kirche, hoch oben an den Wänden des Altarraumes. Auf der einen Seite sieht man Rodrigo Jiménez de Rada, Erzbischof von Toledo, wie er vor dem Kampf eine Reihe von Tempelrittern segnet. Gegenüber ist der streitbare Kirchenmann noch einmal dargestellt, mitten im Gefecht, und begleitet von König Alfons VIII. von Kastilien sowie mehreren Templern, die – historisch nicht korrekt – durch rote Kreuze auf ihren Helmen gekennzeichnet sind. Die anstürmenden Sarazenen tragen Turbane, Rundschilde und die Fahne mit dem Halbmond. Man kann sich gut vorstellen, wie Anno 1212 in der nahen Klosterküche mit dem gewaltigen Rauchfang und der schmalen Durchreiche zum Refektorium das Festmahl für die Siegesfeier vorbereitet wurde.

Zu dieser Zeit erreichten die Templer den Höhepunkt ihrer Macht. Der europäische Adel überhäufte sie mit Schenkungen, setzte den Orden testamentarisch zum Erben riesi-

Templer-Darstellung auf dem Sarkophag des Infanten Don Felipe. Villalcázar de Sirga

ger Besitztümer ein, und die Könige vertrauten ihm ihre Kronjuwelen an. Aus dem vom Papst verliehenen Privileg, Geld gegen Zinsen zu verleihen, entwickelten die Templer ein lukratives Kreditsystem. Sie erfanden den Wechselbrief und den Scheck, den man jederzeit in bare Münze umtauschen konnte, übernahmen Kontoführung und Anlageberatung für Herrscher und Handelshäuser. Die »armen Ritter Christi«, wie sie sich ursprünglich genannt hatten, strichen jetzt satte Gewinne ein, die sie wieder in ihre europaweiten Unternehmungen investierten. Der Finanzkonzern des Ordens besaß Zweigstellen in Irland, Schottland, England, Holland, Dänemark, Deutschland, Italien, Frankreich, Spanien und Portugal. Seine Verbindungen reichten über Österreich, Böhmen, Ungarn und Dalmatien bis in den Nahen Osten.

Aus jener Phase politischer Stärke und wirtschaftlicher Blüte stammt eines der ganz wenigen authentischen Porträts von Tempelrittern, die es überhaupt noch gibt. Man findet es im tiefsten Kastilien-León. Der Ort heißt Villalcázar de Sirga, liegt nördlich von Palencia und lohnt unbedingt einen Besuch. Villalcázar war eine wichtige Station am Sankt-Jakobsweg, der alten Pilgerroute nach Santiago de Compostela.

Die Templer besaßen hier eine reiche Komturei, die von Einkünften aus der Landwirtschaft, aber auch von den Spenden der Pilger lebte. Sie hatten das um die Mitte des 12. Jahrhunderts begonnene Gotteshaus *Santa Maria la Blanca* in eine regelrechte Kirchenburg verwandelt. Noch heute bezeugen die trutzigen, einst mit Zinnen gekrönten Türme und das Wachhäuschen in der Nordmauer ihre Wehrhaftigkeit.

In einer Seitenkapelle steht der steinerne Sarkophag des Infanten Don Felipe. Der Prinz war vom Erzbischof von Toledo, einem der Sieger der Schlacht von Las Navas de Tolosa, erzogen worden und galt als großzügiger Förderer des Templerordens. Als der Infant am 28. November 1274 starb, begleiteten auch Mitglieder der Bruderschaft den Trauerzug. Szenen

Gelage von Templern und Sarazenen in der mozarabischen Kapelle San Baudelio de Berlanga

von der Beerdigung sind an den Seiten des Grabmals plastisch dargestellt. Unter einem Dreipaßbogen erkennt man auch vier Templer mit weißen Umhängen und dem roten, gleicharmigen Kreuz. Die bärtigen Gesichter wirken offen und würdevoll. – Es ist gut denkbar, daß nach der Beisetzung des Infanten in der gegenüber liegenden Pilgerherberge ein Leichenschmaus stattfand.

Das mittelalterliche Mesón dient noch heute als Gasthaus, bietet aber weit mehr als schmale Pilgerkost. Hier werden köstliche Gerichte aus der regionalen Küche aufgetischt: als Vorspeise *Cezina,* eine Art Bündnerfleisch aus Esel-, Pferde- oder Kalbsschinken, und *Jamón Jabugo,* das Beste vom iberischen Schwein; anschließend gesottene Flußkrebse oder Rebhuhn in Salbeisoße, dazu ein trockener Duero-Wein, der zu ausgiebigem Trinken verführen würde, wäre da nicht die alte Redensart: »Er säuft wie ein Templer!«

## Caracena oder das Rätsel des Baphomet

Die nächtlichen Gelage der Ritter sorgten vor allem bei jenen für Gesprächsstoff, die nicht daran teilnahmen. Es hieß, die Templer amüsierten sich mit Jungfrauen von ihren Ländereien, aber auch mit den Töchtern Arabiens, obwohl sie das Gelübde der Armut und Keuschheit abgelegt hatten. Bei solchen Orgien kursierte auch ein Rauschmittel, das sie angeblich von einer fanatischen Muslimsekte bekamen: den Assassinen oder »Haschisch-Fressern«.

Die Assassinen waren eine fundamentalistische Gruppierung schiitischer Ismaeliten und wirkten teils in Persien – von ihrer Festung el-Alamuth aus –, teils in Syrien. Dort leitete ein im verborgenen lebendes Oberhaupt, der geheimnisvolle »Alte vom Berge«, ihre gefürchteten Aktionen gegen die sunnitischen Glaubensbrüder und die Kreuzfahrer. Um ihre Feinde zu terrorisieren oder aus dem Weg zu räumen, war ihnen jedes Mittel recht, auch heimtückischer Mord. Dafür hielten sich einige Auserwählte bereit, die sich *fidaï*, die »Opferbereiten«, nannten und entweder einzeln oder in Gruppen von zwei bis zehn Mann auftraten.

Nach Berichten Marco Polos und des Geschichtsschreibers Arnold von Lübeck hatte der »Alte vom Berge« – sein richtiger Name war Sinan ibn Salam ibn Muhammad – die Kämpfer durch Drogen in einen Rauschzustand versetzt, sie in einen künstlichen Paradiesgarten geführt und so für die Attentate präpariert. Wenn sie dabei auch den Tod fanden, würden sie doch an einem Ort ewiger Freude weiterleben. Als Droge diente Haschisch, worunter man im Arabischen das in Plättchenform gepreßte Harz des Indischen Hanfes *(Cannabis sativa)* versteht. Auf das Konto des berüchtigten »Alten vom Berge« gingen die Ermordung des Königs von Jerusalem, Konrad von Montferrat, 1192, und zwei mißlungene Anschläge auf Sultan Saladin, den Architekten der islamischen Einheit. Mit dem Wort »Assassinen« bezeichnete man später in vielen Sprachen Europas brutale Killer, die auf Bestellung und gegen Bezahlung töteten.

Ausgerechnet mit dieser Mörderbande unterhielten die Templer einträgliche Beziehungen! Von ihrer Festung Tolosa in Palästina aus kontrollierten sie das Territorium der Assassinen im syrischen Bergland und kassierten von ihnen hohe Schutzgelder gegen die Zusage, sie nicht anzugreifen; man spricht von jährlich 2000 Goldmünzen.

Auch in Spanien pflegten die Ordensritter gute Kontakte zur muslimischen Führung und Bevölkerung. Nach der Eroberung der Stadt Chivert (Valencia) gaben sie den Mauren ihre Häuser zurück, gestatteten ihnen die unbehinderte Ausübung ihrer Religion und befreiten sie von jedem Kriegsdienst sowie, für zwei Jahre, von Steuern und Abgaben. Sie bauten sogar eine Mauer zum Schutz des Mohammedaner-Viertels.

Das Ebro-Tal unterhalb der Templer-Burg Miravet/Aragón

Rückseite des Templer-Siegels

Nach der Besetzung der Balearen im Jahr 1229 siedelten sie in der Gemarkung Inca auf der Insel Mallorca dreißig Familien sarazenischer Leibeigener an, was ihnen einen strengen Verweis des Papstes einbrachte.

Unterhalb ihrer gewaltigen Festung Miravet (Aragón) nutzten die Templer die alten arabischen Bewässerungssysteme, die vom Ebro abzweigten, verwandelten das trockene Hinterland in blühende Gärten und setzten die verfallenen Mühlen am Ufer wieder in Gang. Den fruchtbaren Boden gaben sie teilweise an die früheren muslimischen Besitzer zurück. Die mußten dann eine geringe Pacht zahlen und ihnen als loyale Untertanen Treue schwören, als seien die Templer die Herren der Welt!

Das ging dem Papst und den Königen nun doch etwas zu weit. Für sie war der Orden mit dem Tatzenkreuz inzwischen zu einem gefährlichen Staat in den Staaten und zu einem unkontrollierbaren Machtfaktor geworden. Durch seine militärische Präsenz mit fast 10 000 über Europa verstreuten Stützpunkten setzte er die Regierenden unter massiven

Druck, und durch seine internationale Geldpolitik brachte er sie in immer größere Abhängigkeit. Jetzt suchte man eifrig nach Gründen, die Templer loszuwerden. Da kam jede Anschuldigung recht – und jeder Zeuge, auch wenn er gekauft war.

Die wüsten Orgien und der Drogenkonsum der Templer waren ärgerlich. Als weit schlimmer jedoch galt die Unzucht, die viele Brüder miteinander trieben. Nun war Homosexualität in den Klöstern und Ordenshäusern des Mittelalters nichts Ungewöhnliches. Aber schon das Gesetzbuch der in Spanien heimischen Westgoten bestrafte den Verkehr zwischen Männern mit Kastration, später mit dem Tod. 1120 machte die Kirchensynode von Nablus Homosexualität für Naturkatastrophen und Sarazenen-Einfälle verantwortlich und forderte für alle, die sie praktizierten, den Feuertod. Der Hinweis auf die Sarazenen kam nicht von ungefähr, wußte man doch, daß in arabischen Ländern gleichgeschlechtliche Liebe und Knabenhandel keine Tabus waren.

»Baphometzeichen« oder »Gnostikerkreuz«

Angeblich hatte der Großmeister des Ordens seinen Brüdern die schwere Fleischessünde sogar erlaubt. Selbst das offizielle Siegel mußte als Beweis für ihre chronische Homosexualität herhalten, zumindest bei einigen besonders prüden Kirchenvertretern: Die eine Seite zeigt zwei Reiter, eng aneinandergepreßt auf einem einzigen Pferd. Man kann das Motiv freilich ohne jede Anzüglichkeit als Symbol für die ursprüngliche Armut des Ordens interpretieren oder als Beispiel ihres militärischen Einsatzes, bei dem einer der beiden Ritter vom Pferd sprang und dem Reiter den Weg freikämpfte.

Auch bei der Aufnahme von Neulingen in den Orden soll es zu schamlosen Küssen auf den Hintern oder die Geschlechtsteile des Meisters gekommen sein. Noch gravierender aber waren, laut Zeugenaussagen, die blasphemischen Handlungen, die man von dem Novizen verlangte: Er sollte Christus verleugnen und sein Kreuz – aus zwei Balken am Boden zusammengelegt – bespucken oder mit Füßen treten. Wer sich weigerte, wurde in unterirdische Verliese gesteckt und verschwand für immer. Der labyrinthartige Tunnel in der Templer-Festung Monzón (Aragón) führt bis zur steilsten Stelle des Burgberges und endet plötzlich 100 Meter überm Abgrund; sicher kein Zufall! Die Todesfalle ist heute durch eine Holztür versperrt.

Über eine besonders einfallsreiche Variante dieser Gotteslästerung berichtet ein Vernehmungsprotokoll aus dem spanischen Medina del Campo: Danach hatten Templer ein Kreuz an den Steigbügeln ihrer Reittiere befestigt, auf das sie ihre staubigen Stiefel stützten, um so das heilige Zeichen zu entehren.

Noch das im Zeitalter der Aufklärung erscheinende Universallexikon von Zedler wiederholt die teilweise absurden Anschuldigungen gegen die Templer, zum Beispiel, »daß sie die Kinder, welche ihre Huren zur Welt gebracht, einander so lange wie einen Ball entgegen geworffen, bis sie gestorben; die Cörper derselben hätten sie hernach an einem Spiesse gebraten und mit dem ausgebratenen Fette ihr Götzenbild beschmieret« (Bd. 42, 1744).

Hier kommt er zur Sprache, der schwerste Vorwurf, den man den Ordensrittern machte: die Anbetung eines dämonischen Götzenbildes. Bemerkenswert daran ist zunächst, daß die Behauptung an verschiedenen Orten Europas und unabhängig voneinander aufgestellt wurde. Das spricht für die Exi-

Die völlig abgelegene Burgruine von Caracena

stenz solcher mysteriöser Figuren. Aber die Zeugenaussagen über die Form des Idols weichen erheblich voneinander ab. Mal ist es ein bärtiger Männerkopf mit wildem Haupthaar, mal ein Glatzkopf, dann wieder ein Totenschädel. Die einen erzählen von einem Kopf mit zwei Gesichtern, bei anderen sind es sogar drei. Hier ist von einer bemalten Holzskulptur die Rede, dort von einem Haupt aus Silber.

Natürlich sandte die Kirche sofort ihre Spürhunde – die Dominikaner und Franziskaner – aus, um verdächtige Gegenstände einzusammeln. Aber bei den Durchsuchungen in den Komtureien der Templer fand man nur ein einziges Objekt: eine vergoldete weibliche Büste mit einem in rote Seide gehüllten Schädel. Daran hing ein Schildchen mit der Aufschrift *»Caput LVIII m« (»Kopf 58«)*. Das war alles andere als ein satanischer Abgott, vielmehr eine Reliquie.

Das magische Kultbild kursierte unter dem Geheimcode *Baphomet* durch ganz Europa. Wir ersparen es uns, hier die zahlreichen Deutungsversuche für dieses seltsame Wort aufzuführen, die sich in der Literatur über den Orden finden. Fest steht, daß der Deckname bis heute nicht geklärt ist. Vielleicht trägt ein bisher von den Templer-Experten unbeachtet gebliebener Tatbestand zu seiner Lösung bei: Im Mittelalter erscheint häufig das sogenannte »Baphometzeichen« oder »Gnostikerkreuz«, ein mystisches Symbol in Gestalt eines Hakenkreuzes oder in Form von vier aneinandergesetzten, um eine Achse laufenden Beinen. Im Altenglischen hieß es *Fylfoot,* was soviel wie »Vierfuß« bedeutet.

Das erinnert an die *Baphomet*-Beschreibung des Zeugen Hugues de Perando, der bei den Templern einen Kopf mit vier Füßen gesehen haben will, zwei auf der Gesichtsseite und zwei hinten. Noch wichtiger aber ist der Bezug zu den Gnostikern, einer spätantiken Glaubensbewegung, die Vorstellungen aus dem Judentum, dem frühen Christentum, der griechischen Philosophie und orientalischen Mysterienkulten mit- einander mischte. Schon bald geriet sie in Gegensatz zum offiziellen Dogma der katholischen Kirche. Nach ihrer Erlösungslehre bestand die Welt aus verschiedenen Stufen oder Sphären, die von dämonischen Herrschern besetzt waren. Nur jene Gläubigen, die vom *Pneuma,* dem Geist, erfüllt waren, konnten sie überwinden und zur wahren Erkenntnis aufsteigen. Möglicherweise war auch *Baphomet* ein solcher Dämon, der die in das Geheimwissen Eingeweihten durch verschiedene Stadien der Prüfung zur Erleuchtung führte – eine Verkörperung von Gut und Böse, ähnlich wie die Schlange im Paradies, die den Menschen erst die Augen geöffnet hatte und deshalb von einigen gnostischen Sekten verehrt wurde.

Wir haben in Kastilien nach *Baphomet* gefahndet, und es gleicht einem Wunder, daß wir ihn fanden. Immerhin hatten wir uns eine Gegend ausgesucht, die abseits der breiten Verkehrswege und stark besiedelten Zonen liegt. Unser Ziel heißt Caracena. Man erreicht es entweder von Norden, auf einer schmalen Straße, die in El Burgo de Osma beginnt und in Caracena endet. Oder man nimmt sich Zeit für eine längere Wanderung aus südlicher Richtung, vom antiken Tiermes über das Felsplateau von Valderromán. Diese Route ist viel interessanter und reich an Überraschungen. So steht man schon bald vor einer gewaltigen Steineiche, die schätzungsweise 800 Jahre alt ist. Ein Schäfer versichert uns, es brauche fünf Männer, um ihren Stamm zu umfassen. Wir glauben es ihm gern und staunen, daß der Baum schon hier stand, als die Templer das Land beherrschten.

Hinter einem kahlen Hügel taucht plötzlich eine riesige Burg vor uns auf. In der Einsamkeit zwischen Bergen und Himmel wirkt sie wie eine Fata Morgana, menschenleer und

Baphomet-Konsole an der Kirche San Pedro in Caracena

nutzlos seit Generationen. Heute gäbe sie eine prächtige Kulisse für einen historischen Breitwandfilm ab. Ihre gut erhaltenen Türme stammen aus dem 15. Jahrhundert, aber die zerfallenen Mauern reichen bis in die Templer-Zeit zurück.

Früher kontrollierte die Festung ein ausgedehntes Gebiet, dessen Zentrum Caracena war. Im Mittelalter Verwaltungssitz für zwanzig Siedlungen, besaß Caracena drei große Kirchen, ein Gefängnis und ein jüdisches Hospital; wichtige kommunale Einrichtungen für über tausend Einwohner. Heute liegt es in einem toten Winkel, und in den wenigen nicht einsturzgefährdeten Häusern leben gerade noch vier Familien. Auf dem Marktplatz steht der Pranger, ein längst überholtes Symbol für autonome Verwaltung und Rechtsprechung. Vor 30 Jahren trug die steinerne Säule noch Ketten und Eisenringe.

Das sterbende Dorf hat tatsächlich noch einen Alkalden, einen Bürgermeister. Er heißt Ildefonso Valverde und begleitet uns und Dr. Juan Zozaya, einen Kunsthistoriker aus Madrid, zur Kirche San Pedro. Der romanische Bau stammt aus dem 12. Jahrhundert. Die Kapitelle über den Säulen der Vorhalle sind bestens erhalten; kein Wunder in einer Gegend ohne Industrie und Massenverkehr! Sie zeigen das typische Bildprogramm aus dem antiken Sagenkreis und der Bibel: die siebenköpfige Hydra oder die Wächter am Grab Christi, die im Stehen eingenickt sind. Der Ritter im Kettenpanzer fällt da schon aus dem Rahmen. Ein Templer vielleicht?

Dr. Zozaya hat aus dem Nationalarchiv von Madrid die Kopie einer alten Urkunde mitgebracht *(Ordenes Militares Templarios Nr. 21/22)*. Sie wurde 1310 bei den Templer-Prozessen angefertigt, erwähnt mehrmals den Ort Caracena und stellt fest, daß der Orden dort laut Schlußbericht einer Untersuchungskommission keine Güter besaß. Warum aber hat man, in diesem versteckten Winkel, überhaupt nach ihm gefahndet? Jedenfalls verlief die Kontrolle in Caracena nicht

Der Bibliotheksturm von Tábara. Miniatur aus dem Codex Comentario al Apocalipsis des Beatus von Liébana (1086)

sehr gründlich, denn sonst hätten die kirchlichen Gesandten einen höchst seltsamen Gegenstand bemerkt und in dem Dokument beschrieben.

Der Alkalde deutet nach oben, zu den Konsolen unter dem Apsis-Dach. »Das da«, meint er, »ist ein Gorilla.« Dr. Zozaya widerspricht. Woher sollte ein spanischer Bildhauer des 12. Jahrhunderts einen Menschenaffen kennen? Nein, es ist ein Kopf, der aus drei Gesichtern besteht, mit vier Augen, drei Nasen und einem einzigen breiten, zähnebleckenden Mund. Eine äußerst ungewöhnliche, geradezu sensationelle Darstellung! Wir haben *Baphomet* gefunden, das Götzenbild, das die Templer angeblich anbeteten. Auch wenn es sich nicht um ein bewegliches Kultobjekt handelt, das man überall aufstellen und verstecken konnte – selbst als behauener Stein, der ein Dachgesims stützt, entspricht es genau den Beschreibungen der Augenzeugen. Was wir hier sehen, ist kein Ungeheuer, sondern ein mysteriöses Symbol der Dreifaltigkeit. Ein Wesen, das Vergangenheit, Gegenwart und Zukunft in sich vereint, oder das verschlüsselte Modell mittelalterlicher Weltanschauung, die den Himmel, das Abendland und das Morgenland im Blick hatte. Einen ähnlichen Kopf gibt es nur noch in England, an der Kathedrale von Salisbury.

Im Inneren der Kirche San Pedro entdecken wir weitere Hinweise auf den geheimnisvollen Templerorden. An der Rückwand sind die Reste einer alten Steinplatte befestigt. Sie stammt ursprünglich von einem Grab im Boden, das bei einer früheren Renovierung aufgebrochen wurde. Dabei hat man offenbar die Abdeckung zerschlagen und einzelne Teile an die Wand montiert. Ein paar Stücke fehlen, die lateinische Inschrift ist unvollständig, aber immer noch höchst aufschlußreich. Da steht zum Beispiel: *Pertenebat ad malam sectam* – »Er gehörte der üblen Sekte an«. War der Tote ein Templer, der zu einer Zeit starb, als der Orden in die Schußlinie geraten war? Weiter unten heißt es: *Hic auro facta.*

Was da »aus Gold gemacht« war, erfahren wir nicht, weil die erklärenden Wörter fehlen. Man kann es sich aber gut vorstellen, wenn man die mittelalterlichen Kirchenschätze Kastiliens sieht, etwa in den Diözesanmuseen von Burgo de Osma oder Sigüenza. Ging es auch in Caracena um einen Schatz?

## Endstation Scheiterhaufen

Die Jagd auf die Templer, die Mitglieder der »üblen Sekte«, begann in Frankreich. Dort hatte König Philipp der Schöne mit der überraschenden Festnahme aller Ordensritter im Morgengrauen des 13. Oktober 1307 das Signal gegeben. Dem Herrscher ging es dabei weniger um die Reinigung der Amtskirche von ketzerischen Elementen. Er mußte vielmehr seine ungeheuren Schulden loswerden und versuchte, durch die Zerschlagung des Ordens an dessen Reichtümer zu kommen. Außerdem galt es, seinen stark beschädigten Ruf aufzupolieren: Da das Geld unter seiner Regierung ständig an Wert verlor, nannte ihn das Volk bald respektlos »König Falschmünzer«.

Ein willfähriges Werkzeug in Philipps Händen war sein Landsmann Bertrand de Got, der seit 1305 als Papst Clemens V. regierte. Der kannte zwar die unbestreitbaren Verdienste des Ordens und wußte auch, daß kein weltliches Gericht gegen die Templer vorgehen durfte. Dennoch beugte er sich Philipps Druck und verschickte Sendschreiben an Europas Fürsten mit der Aufforderung, die Templer durch die Inquisition verhören und anklagen zu lassen.

Selbst in Spanien belagern ab 1308 königliche Truppen ihre Burgen. Im November ergibt sich Miravet. Im Mai 1309 fällt die Festung Monzón, der die Könige von Aragón ihre Kronjuwelen anvertraut hatten. Man wirft die Ritter ins Gefängnis, setzt sie der Folter aus und erpreßt Geständnisse von ihnen, die sie später teilweise widerrufen. Doch sie müssen nicht auf den Scheiterhaufen, wie in Frankreich.

Dafür schnüffeln Dominikaner und Franziskaner, die Handlanger der Inquisition, unangemeldet in den Ordenshäusern. Einer von ihnen berichtet am 27. April 1310 vor der päpstlichen Delegation in Medina del Campo von einem merkwürdigen Vorfall: Diensteifrige Mönche untersuchen die Komturei von Villalpando (León) und überraschen den Tempelmeister beim Lesen. Als er merkt, daß er beobachtet wird, legt er das Buch hastig in eine Schatulle, verschließt sie und stellt sie in einen größeren Behälter. Den wiederum bringt er in einer geräumigen Truhe unter, schließt ab und steckt den Schlüssel unter sein Brusttuch. Auf die Frage, warum er so viel Aufhebens um ein kleines Buch mache und es in einem dreifach gesicherten Versteck verwahre, antwortet der Templer: »Wenn

Die Templer-Festung auf dem »Mons Gaudii« in Monzón kapitulierte 1309 vor den Truppen Aragóns

dieses Buch in die falschen Hände gerät, wird das meinem Orden ungeheuer schaden.«

Was war so gefährlich an den Büchern der Templer? Wir wissen es nicht, weil wir die Inhalte nicht kennen. Die Schriften des Ordens wurden zum großen Teil vernichtet; einiges Material haben die Brüder auch selbst verbrannt, bevor die Häscher der Kirche es beschlagnahmen konnten. Vielleicht hat man zu dieser Zeit auch den berühmten, vier Stockwerke hohen »Schreibturm« der Templer-Kommende Tábara (León) aufgelöst und in ein wehrhaftes Bollwerk verwandelt. Eine mittelalterliche Abbildung, die noch existiert, erinnert an jene mehrgeschossige Bibliothek, die am Ende von Ecos »Name der Rose« in Flammen aufgeht.

Man wundert sich heute, wie wenig Widerstand der Orden den Angriffen entgegensetzte. Zwar führten Kirche und Staat ihre Maßnahmen oft in Nacht- und Nebelaktionen durch und verbuchten so manchen Überraschungserfolg. Aber trotz eines gut funktionierenden Nachrichtendienstes gingen keine Warnungen an die noch nicht verfolgten Bruderschaften in den Nachbarländern. Bis auf die Templer in Aragón, die sich in ihren Burgen verschanzten, trafen die Brüder nirgendwo Vorkehrungen zum eigenen Schutz.

Fühlte sich der Orden seiner Sache so sicher, weil frei von jeglicher Schuld? Es scheint eher, als habe er den Untergang vorausgesehen, ihn erwartet und als Gottes Willen akzeptiert. Einige Dokumente belegen diese Vermutung. So schreibt der Katalane García Fernández 1307 an den Templer-Komtur von Mallorca: »Ich lasse Euch wissen, daß die Ordensmeister hier alle Gegenstände verkaufen und ihren Freunden Geld und Vermögen anvertrauen. Auch Ihr solltet das tun, denn ich glaube, daß der Tempel zerbricht.« Schon 1302 traten die Templer von San Juan de Otero (Soria) ihren Besitz für einen geradezu lächerlichen Preis an das Bistum El Burgo de Osma ab. Von dem ehemaligen Kloster, dessen Name bald darauf in

»San Bartolomé« geändert wurde, steht heute nur noch die Kapelle. Sie ist das interessanteste und rätselhafteste Bauwerk des Ordens in Spanien.

## Das Mysterium im Canyon

Die Templer hatten sich für ihre Abtei einen unvergleichlichen Ort ausgesucht, der noch heute Tausende von Touristen anlockt, vor allem wegen der grandiosen Naturkulisse. Es ist die engste Stelle einer Schlucht, wo steil aufragende Kalksteinwände gerade noch Platz für einen schmalen Fluß und eine kleine Ansiedlung lassen. Im Tal wachsen Schwarzpappeln, Ulmen und Weiden, über den Kiefern und Bergeichen an den Hängen kreisen Geier und Steinadler, die Luft duftet nach Lavendel und Thymian.

Stellenweise verschwindet der kristallklare Rio Lobos im karstigen Untergrund, um später wieder aufzutauchen. Schon in grauer Vorzeit müssen ihn die Menschen als Quelle der Wiedergeburt verehrt haben. Er trennt die Kapelle vom Eingang zur riesigen Höhle San Bartólo. Dort fanden Archäologen die Spuren bronzezeitlicher Jäger und Schamanen. Markante Grotten und Felsen galten von jeher als magische Orte, und die Templer haben ihre Kirchen gern in der Nähe uralter Kultstätten errichtet, wo das Übernatürliche besonders zu spüren war. So entstand auch die Kapelle direkt mit Blick auf die Höhle. Ein früher Bau wird bereits 1170 erwähnt, um 1230 entschieden sich die Brüder für eine neue Konstruktion. Dieses Gotteshaus blieb bis heute fast unverändert erhalten.

Das Markenzeichen des Ordens, sein Tatzenkreuz, krönt weithin sichtbar den Giebel. Bei den anderen Schmuckmoti-

Blick aus der Höhle auf den Rio Lobos und die Templerkapelle San Bartolomé

Kap
Finisterre
La Coruña
Gijon
Oviedo
Santiago
de Compostela
Santander
Ponferrada
León
527,127 KM
Villalcázar de Sirga
Tábara
Burgos
Porto
Valladolid
Medina
del Campo
Salamanca
Segovia
PORTUGAL
Tomar
Madrid
Alcántara
Santarém
Lisboa
Toledo
Mérida
Las Navas
de Tolosa
Cordoba
Sagres
Jaén
Sevilla
Granada
Cádiz

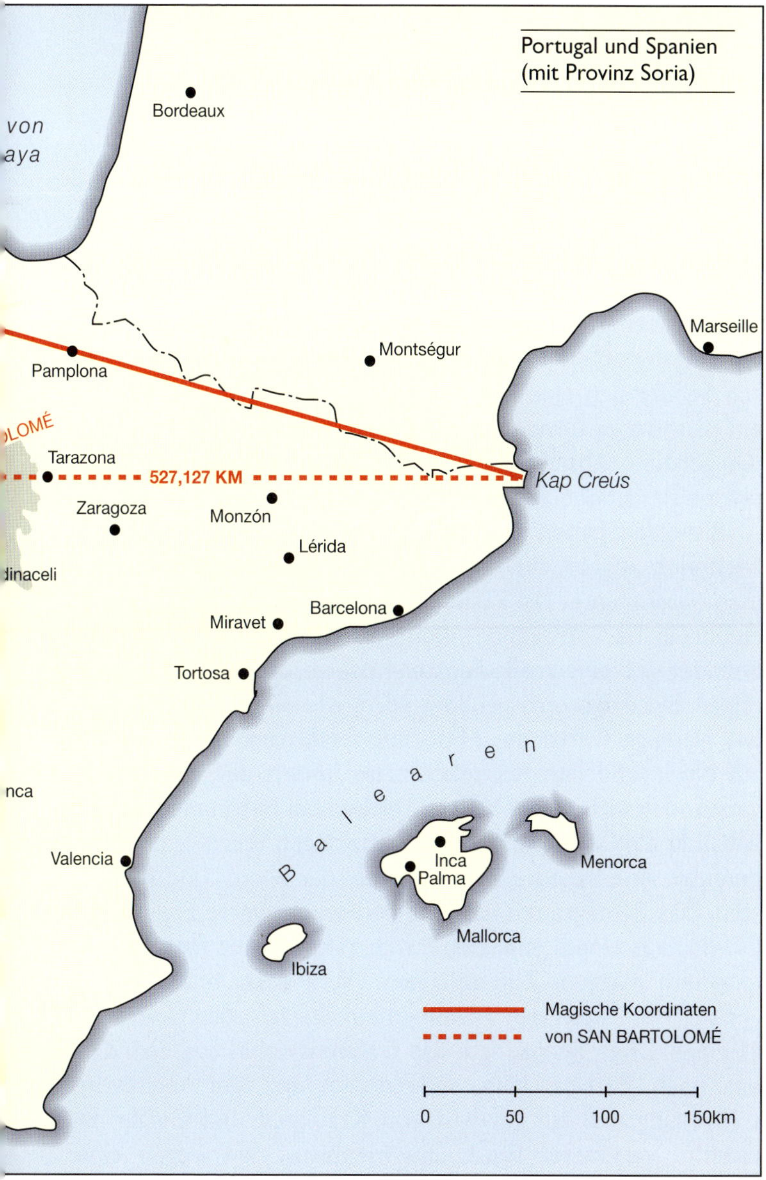
Portugal und Spanien
(mit Provinz Soria)
von
aya
Bordeaux
Pamplona
Montségur
Marseille
LOMÉ
Tarazona
527,127 KM
Kap Creús
Zaragoza
Monzón
Lérida
dinaceli
Barcelona
Miravet
Tortosa
Balearen
nca
Valencia
Inca
Palma
Menorca
Mallorca
Ibiza
Magische Koordinaten
von SAN BARTOLOMÉ
0
50
100
150km

ven auf den Tragsteinen beginnt wieder das große Rätselraten. An der Südfassade sieht man zum Beispiel ein unbeschriebenes Blatt, oben und unten eingerollt; gleich daneben drei Pergamentrollen übereinander gestapelt. Weisen sie auf brisante Dokumente hin, die hier unter Verschluß lagen?

Am Portal fallen zwei männliche Köpfe ins Auge. Das Haupt ist abgeplattet, als ob die Schädeldecke fehlte. Statt dessen liegen konzentrische Kreise offen. Forschten die geistigen Köpfe des Klosters nach den Gesetzen des Kosmos und suchten sie Zugang zur höchsten Erkenntnis? Ebenfalls am Eingang erkennt man ein großes Templerkreuz, unter dessen Schutz sich eine kleine Person stellt. Direkt daneben ist ein islamisches Ornament abgebildet. Verrät diese Anordnung die geheime Absicht des Ordens, einen Ausgleich zwischen beiden Religionen zu finden?

Bisweilen haben die Templer ihre okkulten Symbole so trickreich angebracht, daß man sie erst entschlüsselt, wenn man quasi »hinter die Kulissen« schaut. San Bartolomé liefert dafür ein hervorragendes Beispiel: Am südlichen Querhaus befindet sich eine große Fenster-Rosette, die aus fünf herzförmigen Blütenblättern gebildet wird, wie eine echte Rose. Jeder gläubige Christ des Mittelalters sah darin einen Hinweis auf Maria und den Rosenkranz. Im Innern der Kirche aber verwandelt sich dieses heilige Zeichen bei bestimmtem Lichteinfall in ein Pentagramm, den fünfzackigen Stern oder »Drudenfuß«; eine beliebte Zauberformel der Hexer und Alchimisten. Das Pentagramm hat eine bemerkenswerte Eigenschaft: Es wird aus einem endlosen Strich geformt, und man kann es in einem einzigen Zug zeichnen. Wohl deshalb nannten es gnostische Sekten den »flammenden Stern« oder »Stern der Magier«. Über sie gelangte das Geheimsymbol aus dem Orient nach Europa. Man benutzte es bei der Geisterbeschwörung und zur Abwehr von Krankheit und Gefahr. Bei Goethe verspottet Faust den Mephisto, der wegen eines

»Drudenfußes« auf der Türschwelle sein Haus nicht mehr verlassen kann:

*Das Pentagramma macht dir Pein?*
*Ei, sage mir, du Sohn der Hölle:*
*Wenn das dich bannt, wie kamst du denn herein?*

Mephisto erklärt ihm, die Zauberfigur sei nicht perfekt, er sei durch eine Lücke zwischen den Winkeln durchgeschlüpft. Die magische Formel mußte also ohne abzusetzen gezeichnet werden, und sie durfte keinesfalls, wie in San Bartolomé, auf der Spitze stehen, denn das brachte Unheil. Holten die Templer damit die Schwarze Magie in ihr Gotteshaus?

Schauen wir uns in der Kapelle um. Vor den Stufen zum nördlichen Querhaus ist eine kleine rechteckige Platte im Boden eingelassen. Innerhalb eines mit Zacken versehenen Kreises sind, nach dem Schema der Windrose, die vier Himmelsrichtungen eingeritzt. Es heißt, die Templer hätten damit die Koordinaten für den Grundriß des Bauwerks festgelegt, aber

Tragsteine mit Templerkreuzen und arabischem Ornament an der Kapelle San Bartolomé

Geheimnisvolle Symbolik: außen eine Fenster-Rosette aus fünf Herzen, innen das unheilbringende Pentagramm auf der Spitze

das läßt sich heute schwer beweisen: Nach den architektonischen Veränderungen der letzten 800 Jahre kann man die ursprüngliche Position des steinernen Anzeigers kaum mehr rekonstruieren. Wir haben das mit einem Kompaß nachgeprüft und festgestellt, daß sie von der exakten Nord-Süd-Richtung inzwischen erheblich abweicht.

Warum steht San Bartolomé ausgerechnet an dieser Stelle? Hier führte keine Handelsstraße, kein Pilgerweg vorbei; die strategische Lage war äußerst ungünstig. Dennoch wird der Bauplatz mit Bedacht gewählt worden sein. Besonders in esoterischen Kreisen hat man viel darüber spekuliert, ob die Kapelle ein unterirdisches Energiezentrum abdeckt oder in einem Spannungs- und Kraftfeld zwischen der Höhle und einem weithin sichtbaren Steinpfeiler liegt, der 200 Meter weiter südlich aufragt.

Wir haben das durch Geophysiker der Universität von Barcelona untersuchen lassen. Zunächst vermessen sie mit dem Theodoliten die Fluchtlinien des Gebäudes. Zur großen Grotte gibt es keine Verbindung, die den Bauplan beeinflußt hätte. Aber zwischen dem Megalith und der Ostecke des Querschiffes verläuft eine direkte Linie in Richtung magnetischer Nordpol, ohne einen Winkelgrad Abweichung. Verlängert man diese Linie ins Innere der Kirche, dann verfehlt sie den Stein mit der Windrose nur um wenige Zentimeter. Vielleicht lag er ursprünglich weiter östlich; so hätte er tatsächlich die Koordinaten für den Grundriß festgelegt. Zumindest ergibt unsere Messung, daß die Templer ihr Gotteshaus genau nach dem markanten Riesenstein ausgerichtet haben.

Anschließend tritt Pater José Maria Pilón in Aktion, den ganz Spanien als seriösen Rutengänger kennt. Mit den Methoden des Mittelalters will er herausfinden, welche Reizzonen der Boden um die Kapelle verbirgt. Damals benutzte man die Wünschelrute aus dem gegabelten Zweig der Weide oder des Haselstrauches nicht nur, um versteckte Schätze zu heben. Man setzte sie auch in der Vorbereitungsphase für wichtige Bauprojekte ein, um unsichtbare Energiequellen oder Störfaktoren im Untergrund aufzuspüren und so den idealen Bauplatz zu bestimmen. Lange Zeit wurden Rutengänger wegen ihrer undurchsichtigen Praktiken als Scharlatane abgetan. Seit einigen Jahren erkennen aber auch Naturwissenschaftler an, daß besonders fähige Rutengänger Anomalien im Erdreich mit erstaunlicher Genauigkeit erfassen können. Pater Pilóns Metallrute schlägt an zwei Stellen stark nach oben aus; nur unter großer Kraftanstrengung bringt er sie wieder in waagerechte Position. Gibt es dort Wasserläufe oder Erzadern, von denen schon die Templer wußten?

Wenig später ist das Gelände in 227 Meßpunkte mit je fünf Meter Abstand aufgeteilt. Jetzt untersuchen die Geophysiker aus Barcelona mit einem Protonenmagnetometer das Magnetfeld. Einer von ihnen geht die durch das Maßband festgelegte Fläche ab und setzt dabei an den Fünf-Meter-Punkten einen Metallstab auf. Das Instrument besteht aus einer Stange mit einem verschlossenen Topf an der Spitze. Er ist mit einer protonenreichen Flüssigkeit wie Kerosin oder Alkohol gefüllt und enthält außerdem eine Magnetspule. Wird sie durch

San Bartolomé: Geophysikalische Untersuchungen

Strom in Gang gebracht, erzeugt sie im Topf ein künstliches Magnetfeld. Schaltet man es ab, beginnen die Protonen um das Erdmagnetfeld zu kreiseln, und man mißt die Frequenz, mit der sie diese Bewegung ausführen. Dazu trägt der zweite Mann ein Meßgerät vor dem Bauch, auf dessen Anzeige jeweils unterschiedliche fünfstellige Zahlen erscheinen. Sie geben die Feldstärke bzw. Totalintensität des Magnetfeldes in *Nanotesla* (der milliardste Teil der betreffenden Einheit) an. Mit diesen Werten wird der Computer gefüttert, den ein dritter Kollege bedient. Er druckt später Profile aus. Am Ende erhalten wir eine äußerst genaue Karte der magnetischen Eigenschaften des Geländes, ähnlich wie eine Klimatabelle.

Darauf erkennt man auch Anomalien, die sich als Ausbeulungen im sonst gleichmäßigen Verlauf der Profile abzeichnen. Sie liegen übrigens an denselben beiden Stellen, die auch der Rutengänger aufspürte. Das überrascht Pater Pilón keineswegs; bisher wurden seine Resultate immer meßtechnisch bestätigt. Diese Störungen im Magnetfeld aber haben nichts mit dem mittelalterlichen Bauwerk zu tun. Sie kommen auch nicht aus dem Boden, sondern rühren von Metallteilen her, die erst Anfang unseres Jahrhunderts an den Fenstern und Türen der Kapelle angebracht wurden. Zur Enttäuschung aller Esoteriker müssen wir festhalten: San Bartolomé bildet kein Zentrum geheimer Kraftströme.

Dennoch bewahrt die Templer-Kapelle im Canyon des Rio Lobos nach wie vor ein Mysterium, das man erst allmählich zu enthüllen beginnt. So sind spanische Forscher, vor allem Juan García Atienza, nach gründlichen und langwierigen Berechnungen zu einem Ergebnis gekommen, das für ein Werk aus dem angeblich finstersten Mittelalter geradezu sensationell ist. Atienza nahm eine maßstabgetreue Karte von Spanien und markierte die beiden extremsten Punkte auf dem Breitenkreis: Kap Finisterre an der Atlantikküste und Kap Creus am Mittelmeer.

Er verband die Eckpunkte mit einer Linie und zog in der Mitte eine senkrechte Achse nach unten, die die Iberische

Die Südseite der Kapelle vor der Canyon-Wand

Die Wünschelrute zeigt Bodenschätze an. Holzschnitt aus dem Bergwerck-Buch von Georg Agricola, Frankfurt 1580

Halbinsel in zwei Hälften teilt. Diese Vertikale führt genau durch den Standort San Bartolomé und ergibt einen Schnittpunkt, der von den äußersten Landmarken Spaniens gleichweit entfernt ist, nämlich 527,127 Kilometer in jeder Richtung. Exakt auf diesem Punkt liegt unsere Templer-Kapelle.

Das ist kein Zufall, sondern bewußte Planung, die auf erstaunlich guten Kenntnissen der Geographie beruht: Die Kirche sollte direkt im Zentrum der von den Mauren befreiten Zone errichtet werden. So geschah es auch, denn um 1170 verlief die Grenze zum Kalifat der Almohaden ungefähr auf der Höhe Tortosa – Cuenca – Alcántara – Santarém. Hinter dieser west-östlichen Front, etwa auf halber Strecke, wurde zu dieser Zeit der Grundstein gelegt. Und San Bartolomé bildete bei seiner Fertigstellung den Mittelpunkt des christlichen Gebiets auch in nord-südlicher Ausdehnung: Zum Golf von Biscaya wie zum Tajo sind es genau 190 Kilometer Luftlinie. Der Templerbau war quasi das Herzstück, von dem Impulse für die restliche Eroberung Spaniens ausgehen sollten; Atienza spricht hier zu Recht von »magischer Geographie«.

Die bisweilen an Wunder grenzenden Leistungen der Tempelritter und ihre unbestreitbaren Verdienste um Krone und Kreuz halfen ihnen wenig: Am 22. März 1312 löste Papst Clemens V. mit einem Federstrich den Orden auf. Ausgerechnet jener Heilige Vater, von dessen Mätresse, der italienischen Gräfin Pelagorga, Tochter des Grafen von Fusci, es hieß, sie habe ihn »mehr als das Heilige Land gekostet«!

Kurz vor diesem Ereignis entstand, unterstützt durch manche Fakten, jenes Gerücht, das in den folgenden Jahrhunderten zum Brennpunkt des Interesses vieler Forscher und Abenteurer wurde und bis heute nicht verstummen will: die Legende vom Schatz der Templer.

Von Valencia aus versuchten einige Brüder, sich auf Schiffen ins Ausland zu retten. Doch widrige Winde warfen sie an die Küste zurück, die Häscher des Königs nahmen sie fest und entdeckten bei der Kontrolle der Ladung Truhen und Säcke voll Gold und Edelsteinen. Jaime II. von Aragón kassierte alles ein. Wenige Tage vor Verhaftung des letzten Großmeisters Jacques de Molay sollen die Kleinodien aus dem Ordenshaus von Paris, in einem Heuwagen versteckt, fortgeschafft worden sein.

Noch bis 1913 haben Bewohner des Dorfes Aylagas in der spanischen Provinz Soria nach den Münzen, Schmuckstücken und Silberpokalen von San Bartolomé gesucht. Sie ließen sich unter Lebensgefahr an Seilen und in einfachen Körben an den senkrechten Wänden des Canyons hinunter und durchwühlten die zahlreichen Höhlen am Rio Lobos – ohne Erfolg.

Man hat ihn weder hier noch sonst irgendwo in Europa gefunden, den sagenhaften Schatz der Templer. So bleibt als kostbarstes Erbe das eminente Geheimwissen des Ordens, das die Kenntnisse des Abendlandes mit den Mysterien des Orients verschmolz.

Nach diesem Schatz, dem »Schrein der Weisheit«, darf weiter geforscht werden.

Tina Radke-Gerlach

# Gletscher-Gold

## Die Schatzkammer im Kaukasus

## Geheimversteck im Felsmassiv

Drei Uhr morgens. Ich schrecke in meinem Schlafsack hoch. Schüsse haben mich unsanft aus den Träumen gerissen. »Bleibt liegen und geht in Deckung!« Kameramann Sepp stürzt zur Tür herein. »Sie haben die Autos und die Kameraausrüstung!« Kugeln pfeifen über das Dach. Draußen schreit irgend jemand. Wahrscheinlich toben da nur einige Swanen mit ihren Schußwaffen herum, die im Kaukasus zum guten Ton gehören, denke ich, noch wenig beunruhigt.

Scheinbar chaotische Situationen haben für mich etwas merkwürdig Anziehendes und Herausforderndes. Ich weiß nicht, wie viele Schauergeschichten wir auf der Terra-X-Expedition über die »wilden«, »unzivilisierten«, »gefährlichen« und »unberechenbaren« Swanen gehört haben. Es müssen mindestens zwanzig gewesen sein.

Doch die Erfahrungen in Swanetien während der vergangenen Wochen haben uns eines Besseren belehrt. Wir fühlen uns in einem noch unerklärlichen Maß von der zurückhaltenden Freundlichkeit und dem vorsichtigen, aber interessierten Umgang der Swanen mit uns Fremden angezogen. Sollte es nun doch gefährlich werden? Tausend Gedanken schießen mir durch den Kopf. Das vorzeitige Ende unserer gerade erst zur Hälfte abgeschlossenen Dreharbeiten? Wie sollen wir diese abgeschiedene Region im kaukasischen Hochgebirge ohne Autos jemals wieder verlassen? Unsere gesamten Benzinreserven sind in den Jeeps verstaut, und im Umkreis von mindestens 100 Kilometern ist kein einziger Tropfen Sprit zu bekommen. Telefonverbindung gibt es hier oben in den Bergen so wenig wie andere Möglichkeiten, mit der Außenwelt in Kontakt zu treten. Und die Pässe über die Gletscher nach Rußland sind alle durch Militär gesperrt. Was wird aus dem Film? Hat Gottfried Merzbacher mit seiner

Beschreibung der swanischen Bevölkerung vielleicht doch recht gehabt?

»Die vollständige Auflösung jeder gesellschaftlichen Organisation und der absolute Mangel an Autorität, sowie irgendwelcher Gesetze unter den freien Swanen, Verhältnisse, die als Folge der über alles gehenden Blutrache, sowie ewiger Streitigkeiten um die Weideplätze erscheinen, und die damit Hand in Hand gehende Verwilderung der Sitten, hatten unaufhörliche Mordtaten und Gewalttätigkeiten gezeitigt. Von Charakter sind die Swanen nicht gerade sympathisch, wiewohl nicht in Abrede gestellt werden soll, daß sie Tapferkeit und Unerschrockenheit zeigen, mutig in Verteidigung ihrer Interessen, sowie bei Verfolgung ihrer Rachegefühle sind. Hinterlist und Verstocktheit bilden den Grundzug im Wesen des Swanen, Habgier die Triebfeder seiner Handlungen, Mißtrauen gegen Fremde und darum unfreundliches, ungastliches Beneh-

Der Alpinist und Forscher Gottfried Merzbacher (1843–1926)

men eine seiner hervorragendsten Eigenschaften.« (Merzbacher 1901)

Immer noch wagen wir nicht, das Licht anzuschalten, um draußen nachzuschauen, was wirklich passiert ist. In dieser Wartestellung verliere ich jegliches Zeitgefühl. Wahrscheinlich sind nur wenige Minuten vergangen. Vor meinen Augen läuft wie ein fertiger Film unsere bisherige Reise ab, die nun ein plötzliches und unerwartetes Ende zu nehmen scheint.

Wer war Gottfried Merzbacher, und was bewegt ein Fernsehteam dazu, sich zehn Wochen lang in eine Gegend zu begeben, die politisch als eine der unsichersten der Welt gilt und in der kriegerische Auseinandersetzungen an der Tagesordnung sind? Ist es der Reiz des Unbekannten? Als ich viele Monate vor Drehbeginn mit den Recherchen beginne, kenne ich vom Kaukasus nicht viel mehr als die Schlagzeilen der Medien: Krieg in Abchasien, Krieg in Ossetien, Krieg in Tschetschenien ...

Von Swanetien, einer kleinen, versteckten Bergregion Georgiens, habe ich noch nie gehört. Dann die ersten Annäherungsversuche an eine eigentümliche, aber einzigartige Kulturlandschaft. Zwischendurch droht die journalistische Sorgfaltspflicht vor der verwirrenden Flut historischer Namen, Daten und Fakten aus dem Kaukasus zu kapitulieren. Hier prallen so viele Völker und Interessen aufeinander, daß die Geschichte dieser Bergregion einer nicht enden wollenden Kette von Machtkämpfen und Unabhängigkeitsbestrebungen gleicht. Griechen und Römer, Perser und Araber, Skythen und Byzantiner, Mongolen und Türken, Russen und viele mehr suchten im Kaukasus nach Ruhm und Beute. Immer ging es um die natürlichen Reichtümer und die strategische Bedeutung der Region. Zeiten der Ruhe und friedlichen Entwicklung hat es nur selten gegeben. Wie an einem Knotenpunkt der Geschichte vermischen sich im Kaukasus zahlreiche Völker zu einem kaum noch entwirrbaren Geflecht unterschiedlicher Lebensformen und Kulturen.

Eines dieser Völker lebt im Nordwestens Georgiens, an der Südseite des Kaukasus-Hauptkamms: die Swanen. Sie besiedeln eine schwer zugängliche Bergregion, umgeben von einem gewaltigen Gebirgswall, der einer uneinnehmbaren, vom Schwarzen Meer im Westen bis zum Kaspischen Meer im Osten reichenden natürlichen Festung ähnelt. Die Swanen sind wohl das einzige Volk im Kaukasus, das nur am Rande in die kriegerischen Ereignisse vergangener Jahrhunderte verwickelt wurde. Nie haben sie sich völlig unterwerfen lassen, und nie wurden sie aus ihrer Heimat verdrängt. Die Berge schützten sie vor unerwünschten Eindringlingen und Einflüssen. So blieb ihre Kultur bis in die Gegenwart erhalten, überlebten Bräuche und Traditionen der Vorfahren nahezu unbeschadet. Etwa 45 000 Menschen leben heute im oberen Swanetien, von Rußland durch die Bergkette des Großen Kaukasus getrennt und geschützt.

Griechischen und römischen Überlieferungen zufolge waren die Swanen ein mächtiges Volk, das 200 000 Reiter stellen konnte. Das war zu einer Zeit, in der sich ihre Siedlungsgebiete bis an die kolchische Küste ausdehnten. Dort hatte sich ein unüberschaubares Völkergemisch angesiedelt, von dem schon der griechische Geograph und Geschichtsschreiber Strabo im 1. Jahrhundert v. Chr. berichtet. In dem alten Handelszentrum Dioskurias an der heutigen Schwarzmeerküste Georgiens sollen sich Kaufleute von 70 Völkern getroffen haben, die sich in mindestens ebenso vielen Sprachen ausdrückten. Der römische Historiker und Schriftsteller Plinius erwähnt, daß 130 Dolmetscher zur Vermittlung der Geschäfte notwendig waren. Arabische Geographen des Mittelalters nannten den Kaukasus *Djebel-al-suni*, »Berg der Sprachen«.

In politisch unruhigen Zeiten brachten Könige und Fürsten

ihre Kunstschätze und wertvollen Kulturgüter nach Swanetien. In der Isolation der Berge galten sie als sicher. Swanetien war für die Machthaber im Kaukasus immer »das Versteck«. So entstand in aller Abgeschiedenheit eine Schatzkammer, die ihresgleichen sucht. Niemand weiß genau, wie viele Kleinodien bis heute erhalten geblieben und wo sie zu finden sind. Wahrscheinlich sind es Tausende, die von den Swanen als heiligster und wertvollster Besitz gehütet werden.

Der erste deutsche Forscher und Alpinist, der ausgedehnte Reisen in den Kaukasus und nach Swanetien unternimmt, ist Gottfried Merzbacher. Seinen Spuren wollen wir folgen. 1891 bis 1892 bereist er die Berge am Schnittpunkt von Europa und Asien und macht sich nicht nur durch seine alpinistischen Leistungen, sondern auch durch seine geographischen, ethnologischen und kulturhistorischen Darstellungen einen Namen. Er gehört zu den ersten, die den Elbrus, den mit 5633 Meter höchsten Berg im Kaukasus, besteigen, und hält sich über Monate im entlegenen Swanetien auf. Vielleicht ist er einer der letzten, die die Kunstschätze Swanetiens zu Gesicht bekommen haben. Nach zahlreichen Plünderungen verschließen und verriegeln die Swanen ihre kleinen Kirchen, um sie für immer vor fremden Eindringlingen zu schützen. Bis heute hat sie kaum ein Ausländer gesehen. Swanetien umhüllt sich mit dem Nebel des Geheimnisvollen. Was ist aus den Schätzen geworden? Liegen sie noch immer in den Bergdörfern verborgen? Hat sich das Leben der Swanen seit dem Aufenthalt Gottfried Merzbachers verändert, den er in seinem zweibändigen Werk »Aus den Hochregionen des Kaukasus« auf 2000 Seiten beschreibt?

Spurensuche in einem Land, in dem die Erde ständig Bruchstücke der Geschichte preisgibt und in dessen entferntesten Winkeln eine merkwürdige und interessante Mischung heidnischer und orthodoxer Rituale entstanden ist. Ausgangspunkt unserer Reise ist Tiflis (Tbilissi), die Hauptstadt Georgiens. Von dort geht es nach Westen in das alte Kolchis, wo die Argonauten an Land gingen und Iason mit Hilfe der Zauberin Medea das Goldene Vlies des König Aietes geraubt hat. Ist Swanetien die Quelle des kolchischen Goldes? Anhand archäologischer Erkenntnisse wollen wir Zusammenhänge zwischen Kolchis, der Argonautensage, den Swanen und den Berichten Merzbachers herstellen, wollen wissen, welche vorchristlichen Bräuche der Swanen überdauert und sich mit dem christlichen Glauben vermischt haben.

Von diesem geschichtsträchtigen Boden aus führt unsere Reise nach Norden in die kaukasische Bergwelt bis Oberswanetien. Hier geht es nur noch zu Fuß weiter. Wie Merzbacher vor über 100 Jahren versuchen wir, über den 3751 Meter hohen Mestia-Paß die Grenze nach Rußland zu passieren. Eine schwierige Gletschertour, die nur mit Pickel und Steigeisen und mit Unterstützung der Swanen möglich sein wird. Der alpinistische Ehrgeiz trieb Merzbacher dazu, sich den schwierigsten Paß auszusuchen. Keiner vor ihm wagte es, diesen gefährlichen, von riesigen Gletscherspalten durchzogenen Übergang zu benutzen. Ob die mitten auf dem Gletscher liegende Grenze militärisch überwacht wird, kann uns niemand sagen – ein Spiel mit dem Risiko. Wir haben zwar Visa, aber keine Drehgenehmigung. Offizielle Schreiben dieser Art sind in solchen Regionen meist nutzlos. Auf der russischen Seite geht es weiter durch das Baksan- und Terskoltal bis zu den Ausläufern des Elbrus. Hier beginnt der schwierigste Teil unseres Unternehmens: die Gipfelbesteigung des 5633 Meter hohen Elbrus.

Am 17. August 1891 schreibt Merzbacher in sein Tagebuch: »Um 9 Uhr 10 betraten wir endlich das kleine Gipfelplateau, die höchste Zinne des Kaukasus, und blickten hinab auf die Länder Asiens und Europas, zwischen welchen dieses gigantische Grenzmal – wiewohl von der zünftigen Wissenschaft als solches nicht anerkannt – fest und unerschütterlich zum Himmel ragt.«

## Kaukasischer Teufelskreis

Bis vor wenigen Jahren war der Kaukasus für uns nur ein wildes Niemandsland. Erst seit dem Zerfall der Sowjetunion rücken die kaukasischen Völker langsam ins Blickfeld der Öffentlichkeit. Dabei war die Gebirgsregion im Altertum bekannter als die Alpenkette. Antike Geographen sprachen schon lange, bevor Hannibal seine Armee über die Westalpen führte, vom Kaukasus. Für immer wird das riesige Gebirgsmassiv mit dem Titanen Prometheus verknüpft werden, der als Wohltäter, Kulturbringer und Helfer der Menschheit galt. Er hatte, sehr zum Ärger seines Vetters Zeus, den Menschen das Feuer gebracht, das bisher allein den Göttern vorbehalten war. Zur Strafe fesselte Zeus Prometheus an einen Felsen im Kaukasus. Täglich fraß ein Adler an seiner Leber, die immer wieder nachwuchs, bis Herakles den Adler tötete und Prometheus rettete.

Auch Noahs Arche wird mit dem Kaukasus in Verbindung gebracht. In den Schriften des Alten Testaments heißt es bei Moses: »Am 17. Tag des 7. Monats ließ sich der Kasten nieder auf das Gebirge Ararat.« Der 5156 Meter hohe Ararat liegt im Süden des Kleinen Kaukasus. Hier wartete Noah das Ende der Sintflut ab. Als die Taube, die er ausschickte, mit einem grünen Olivenzweig zurückkehrte, wußte er, daß die Erde wieder trocken war.

Selten herrschte am Schnittpunkt von Europa und Asien für längere Zeit Frieden. Jede Errungenschaft, jede kurze Blüte ist durch Einbrüche fremder Horden bald wieder vernichtet worden. Dennoch konnte über die Jahrtausende eine eigenständige Kultur und Lebensweise bewahrt werden, die unterschiedlichste Einflüsse vereint. Fast nach jeder Invasion siedelten sich fremde Volksgruppen neben den Einheimischen an. Sie bereicherten die bereits bestehende Kultur durch ihre Lebensweise und wurden von ihrer neuen Heimat selbst beeinflußt. Der Kaukasus verwandelte sie alle in »Kaukasier«, geprägt von ethnischer Vielfalt und einheitlichen Lebensformen. Vielleicht macht gerade dieses ungewöhnliche Phänomen der »Einheit durch Gegensätze« den besonderen Reiz Kaukasiens aus.

Die Nähe des Meeres, das subtropische Klima und der fruchtbare Boden haben den Menschen Glück und Unglück gleichermaßen gebracht, denn Kaukasien war immer begehrt. Erbarmungslos versuchten Eroberer, jede Form einheimischer Kultur und Religion zu zerstören. Die Chronik der kaukasischen Tragödie liest sich wie ein spannender Kriminalroman. Nur einzelne Gebiete der entlegenen Hochregionen, wie das obere Swanetien, konnten sich im Laufe der Geschichte fast jeder Unterjochung entziehen. Die patriarchalisch-feudale Ordnung der Swanen, die durch alte Sitten und Bräuche, den Ehrenkodex und ungeschriebene Gesetze der Menschlichkeit geregelt war, hatte Bestand.

Ein goldenes Zeitalter erlebte Georgien nur zwischen dem 11. und 13. Jahrhundert, während der Herrschaft von König David und Königin Tamara. Vorher und nachher war das Land Schauplatz zahlreicher Kriege, zwischen denen ihm nur kurze wirtschaftliche und kulturelle Erholungsphasen blieben. Die Kriege zwischen dem 13. und 18. Jahrhundert reduzierten das georgische Volk auf ein Sechstel. So geschwächt, mußten sich die Königreiche und Fürstentümer schließlich an das russische Reich anschließen. 1801 wurde als erstes Ostgeorgien einverleibt. 1810 folgte der Westen. Damit kontrollierte Rußland fast die gesamte kaukasische Region. Nur die »wilden« Gebiete leisteten noch viele Jahre erbitterten Widerstand. Der Freiheitswille der Swanen war nicht zu brechen.

Erst 1846 wurde als letztes Oberswanetien an das russische Reich angeschlossen. Die militärische Unterwerfung des gesamten Kaukasus unter die Herrschaft des russischen Zaren dauerte über 60 Jahre. An keinem anderen Ort wurde der Expansion Rußlands so heftiger Widerstand entgegengesetzt wie hier. Die Kampfhandlungen summierten sich zu dem längsten Krieg, den Rußland je auszutragen hatte. Am Ende standen Hunderttausende vor dem Dilemma, Russe zu werden, die eigene Identität zu verlieren, auszuwandern oder zu sterben. Rußland den Russen! hieß die neue Parole im Kaukasus. Was an alter Überlieferung noch übrig war, wurde durch die russische Besatzung lächerlich gemacht. Völker unterschiedlichen Glaubens und unterschiedlicher Sprache, die Jahrtausende gebraucht hatten, um ein Miteinander zu finden, erlebten, was es heißt, entwurzelt, bekehrt, versklavt und durchmischt zu werden. Die georgisch-orthodoxe Kirche verlor ihre Selbständigkeit, Gotteshäuser wurden geplündert, alte Fresken übermalt. Der Begriff ›Georgien‹ durfte in Druckwerken nicht mehr gebraucht werden, und Russisch wurde zur Amtssprache erhoben.

Erst als die Oktoberrevolutionäre den Zaren stürzten, gewann Georgien für kurze Zeit seine Unabhängigkeit zurück. Doch schon 1921 wurden alle demokratischen Experimente mit dem Einmarsch der Roten Armee in Tiflis wieder beendet. Wieder waren es die Swanen, die sich als erste zum bewaffneten Aufstand gegen die neuerliche Okkupation erhoben. Doch Georgien wurde Teil der sich konstituierenden Sowjetunion. Iossif Wissarionowitsch Dshugaschwili, in Georgien geboren, lenkte von 1927 an unter dem Namen Stalin die Geschicke der Großmacht. Als Hitlers Truppen im Sommer 1942 den Nordkaukasus besetzten, loderte der Haß der Kaukasier gegen die Russen wieder auf. Bergvölker des Nordkaukasus schlossen sich der Waffen-SS an. Stalins Zorn darüber führte nach der Vernichtung der 6. deutschen Armee zu einer

Ausrottungspolitik wie in schlimmsten Zarenzeiten. Er ließ Bergdörfer bombardieren und deportierte ganze Völkerschaften nach Mittelasien. Das Kaukasus-Problem sollte für immer ein Ende haben.

August 1994. Kurz vor unserer Abreise nach Swanetien sitzen wir in Tiflis mit Irakli Maschawariani, einem Sprecher des georgischen Staatsoberhauptes Eduard Schewardnadse, zusammen. Unsere Reisepläne beunruhigen ihn. Wegen Blutrachefehden der einheimischen Familien seien Reisen nach Swanetien momentan zu gefährlich. Wahrscheinlich seien auch die Paßübergänge nach Rußland durch Militär gesperrt, und die politische Situation auf der russischen Seite sei mehr als unsicher. Einem Fernsehteam würden die Russen derzeit sicher keine Genehmigung für eine Elbrusbesteigung erteilen. Schon am Vormittag hat uns der deutsche Botschafter in Tiflis gewarnt: Georgien sei zur Zeit ein Land ohne Rechtsordnung und die Situation in Swanetien für Fremde besonders riskant. Er könne für unsere Sicherheit nicht garantieren. Einschüchterungsversuche oder Wahrheit? Bei georgischem Wein diskutieren wir mit Irakli über Politik, den Kaukasus und die Deutschen. »Wenn ihr Glück habt, seht ihr beim Anstieg zum Elbrusgipfel die Leiche eines deutschen Soldaten im Gletschereis«, erzählt er. »Bergsteiger haben sie schon oft gesehen, etwa in 4700 Meter Höhe bei den Pastuchow-Felsen. Aber nur, wenn kein Schnee liegt und der Sturm das Eis freigeblasen hat.«

51 Jahre, nachdem Gottfried Merzbacher als erster deutscher Alpinist den höchsten Gipfel des Kaukasus bezwungen hat, hissen am 21. August 1942 deutsche Soldaten der 1. Gebirgsdivision die Reichskriegsflagge auf dem Elbrus. Ein Kabinettstück, militärisch sinnlos, aber propagandaträchtig. Über den Kaukasus will Hitler seine Soldaten zu den Ölfeldern nach Baku am Kaspischen Meer treiben. Ohne Treibstoff wäre

der Krieg verloren. Doch die Bergidylle trügt, auch wenn sie für die bayerischen Gebirgsjäger ein Terrain nach Maß ist. Geschickt locken die Sowjets die Deutschen in die unwegsamen Schluchten des Gebirgsmassivs, sperren aber die Pässe mit allen Mitteln. Ausführen des Befehls Nr. 227 heißt für sie: »Keinen Schritt zurück.« Es gibt kein Vorwärtskommen für die Deutschen. Nur die Gipfel sind noch frei. Was liegt da näher, als das Hakenkreuz auf dem Elbrus zu hissen...

Wochen später macht sich ein anderer Stoßtrupp auf den Weg zum Gipfel. Diesmal sind es sowjetische Soldaten. Sie finden eine vom Sturm zerrissene Reichskriegsflagge vor, die für das Scheitern des deutschen Unternehmens ›Kaukasus‹ steht. Der Weg zum Öl von Baku bleibt versperrt, und in der Bergwüste verstricken sich die Deutschen in Gefechte, die sie nicht gewinnen können.

Wegen des stockenden Vormarsches an der Kaukasusfront kommt es im Führerhauptquartier zu Auseinandersetzungen. Für den rapide eskalierenden Krieg fehlt es an Menschen und Rüstung, an Transportmitteln und Rohstoffen. Schon jetzt scheint Hitler ein besiegter Mann zu sein. Seine Vision vom »Großgermanischen Reich deutscher Nation«, das den größten Teil Europas und weite Gebiete Asiens umfaßt, gerät ins Wanken. Eine Vision, die den Osten als leeres, geschichtsloses Gebiet ansieht. Kaukasien soll eines von vier Reichskommissariaten werden, und »spätestens in zehn Jahren wünsche er Meldung darüber zu erhalten, daß in den Ostgebieten mindestens zwanzig Millionen deutsche Menschen leben«. Seine größten Hoffnungen richten sich auf die Rückeroberung von Gebieten, die angeblich schon immer von reinrassigen Ariern besiedelt waren. Anfang 1942 erklärt er: »Wo immer germanisches Blut in der Welt sich befindet, nehmen wir das, was gut ist, an uns. Mit dem, was den anderen dann bleibt, werden sie gegen das germanische Reich nicht antreten. Wir gewinnen das gute Blut, das wir verwerten können, und ordnen es bei uns ein, oder, meine Herren – Sie mögen es grausam nennen, aber die Natur ist grausam – , wir vernichten dieses Blut.« Wahnwitzige Überlegungen zur »Verbreiterung der Blutbasis«, hinter denen Hitlers alte Angst vor dem Aussterben des Ariers steckt.

## Gipfelsturm

Eine alpinistische Pioniertat ist der Gipfelsieg der deutschen Gebirgsjäger keineswegs. Schon 74 Jahre zuvor steht der Engländer D.W. Freshfield als erster auf dem Elbrus – zu einer Zeit, als viele Gipfel der Alpen erstbestiegen waren und es insbesondere die Engländer zu neuen alpinistischen Höchstleistungen in den Kaukasus zieht. Hier gelten die Berge noch als »Thron der Götter«, als unbesiegbar. »Kein Zweifel an der Unersteiglichkeit der kaukasischen Hochgipfel konnte aufkommen; wer es dennoch wagte, solchen zu äußern, galt für einen Wahnwitzigen, und so fest war der Glaube an die Unnahbarkeit der Berge des Kaukasus begründet, daß sogar, als die höchsten Zinnen längst betreten waren, sie dennoch für den ungebildeten Bergbewohner als unbesiegbar galten«, schreibt Merzbacher.

Freshfield gilt als der alpinistische Pionier im Kaukasus. Nur wenige Jahre nach ihm folgen andere: 1868 E. Favre, 1874 F. C. Grove, 1884 M. v. Dechy und 1888 A. F. Mummery. »Den rauhen Pfaden dieser Pioniere bin ich gefolgt, ihre Erfahrungen habe ich genutzt«, beschreibt Merzbacher die Ziele seines zweijährigen Aufenthalts im Kaukasus, »ob es mir geglückt ist, zur Erforschung des kaukasischen Hochgebirges auch meinerseits einiges Material von Wert beizusteuern, das möge der Leser mit nachsichtigem Urteil aus den folgenden Kapiteln entnehmen.«

Das Interesse europäischer Reisender an Georgien steigt

in Europa schon Mitte des 18. Jahrhunderts an. Die Deutschen Johan Anton Güldenstädt und Jakob Reineggs veröffentlichen hierzu die ersten Bücher. Zu Beginn des 19. Jahrhunderts tragen die Arbeiten von Julius Klaproth, Karl Koch, Friedrich von Bodenstedt und anderen zu einer ersten umfangreichen Informationssammlung über den Kaukasus bei. 1864 hält sich der deutsche Naturforscher Gustav Radde als erster Reisender in Swanetien auf. Doch es sind vor allem die Alpinisten, die auf ihrem Weg in die Berge in engen Kontakt mit den einheimischen Völkern kommen, wenn auch mit Schwierigkeiten. »Viele der verwilderten Bergvölker wehrten jedem Fremdling den Eintritt in die von ihnen bewohnten, mit dem Schleier des Geheimnisses umhüllten Regionen«, schreibt Merzbacher.

Über das Leben Gottfried Merzbachers ist wenig bekannt. »Geograph, Alpinist und Forschungsreisender, 1843 in Baiersdorf geboren, 1926 in München gestorben.« Das ist alles, was sich in Nachschlagewerken findet. Dabei ist er einer der bedeutendsten Bergsteiger des zu Ende gehenden 19. Jahrhunderts und hat maßgeblichen Anteil an der Erschließung der Alpen, des Kaukasus und asiatischer Gebirgszüge. Die Kaukasusexpedition 1891–1892, die er in Begleitung von Ludwig Purtscheller, Johannes Kehrer und Johan Unterweger durchführt, ist neben den späteren wissenschaftlichen Untersuchungen im Tien Shan seine größte Leistung. In seinem Werk »Aus den Hochregionen des Kaukasus« zeigen sich die Vielseitigkeit seiner naturwissenschaftlichen Interessen und die Gründlichkeit, mit der er das Erlebte beschreibt. Gleichzeitig aber spürt man seinen Zwiespalt, in dem er sich durch die enge Verquickung wissenschaftlicher Erörterungen mit Beschreibungen von Bergbesteigungen befindet. »Vielleicht habe ich es bei dem Bestreben, allen gerecht zu werden, niemandem zu Dank gemacht«, merkt er selbstkritisch an. Sein Wunsch, geographische und ethnologische Beobachtungen mit alpinen Erfolgen zu kombinieren, stellt nicht nur an seine Leistungsfähigkeit, sondern auch an den Leser seiner Werke hohe Anforderungen. Auch als er sich in den Folgejahren anderen Gebieten zuwendet, kommt Merzbacher immer wieder in den Kaukasus zurück, um seine Kenntnisse zu vervollkommnen. Seine erste kartographische Wiedergabe des Kaukasus, die »Merzbacher-Karte«, bildet noch heute die Grundlage aller kartographischen Arbeiten dieser Region. Auch verarbeitet er, der die russische Sprache beherrscht, als erster die gesamte, bis zur Entstehung seines Werkes erschienene Literatur und läßt dieses Wissen in sein Zweitausendseiten-Werk einfließen. Ein besonderes Merkmal dieser Veröffentlichung sind die Fotos. Der Italiener Vittorio Sella, der ihn begleitet, macht die ersten Aufnahmen von den Bergen, Dörfern und Bewohnern Swanetiens.

Auch über Merzbachers Jugend ist wenig bekannt. In seinem Geburtsort Baiersdorf in Mittelfranken wuchs er als Sohn einer jüdischen Familie auf. Die Erinnerung an die jüdischen Bewohner des Städtchens ist verblaßt, über 100 Jahre zurückliegende Daten bleiben verschollen, verwandtschaftliche Beziehungen unbekannt. Aus dem Nachruf in *Petermanns Geographischen Mitteilungen* von 1926 erfahren wir: »Im Alter von dreiundachtzig Jahren nach kurzer Krankheit verstorben. Mit ihm verliert die Erdkunde eine eigenartige Persönlichkeit von seltener Tatkraft, Opferwilligkeit und unermüdlicher Schaffensfreude. Nach dem Besuch der Realschule mußte er schweren Herzens weiterem Studium entsagen und frühzeitig einen praktischen Beruf ergreifen. In Paris, London und Petersburg zum tüchtigen Kaufmann ausgebildet, leitete er ein Pelzwarengeschäft, das ihm die ersehnte materielle Unabhängigkeit brachte. Zielbewußt benutzte er die kargen Mußestunden zu autodidaktischer wissenschaftlicher Fortbildung und zur Stählung seines Körpers. 1907 wurde er von der philosophischen Fakultät der Universität München zum Professor

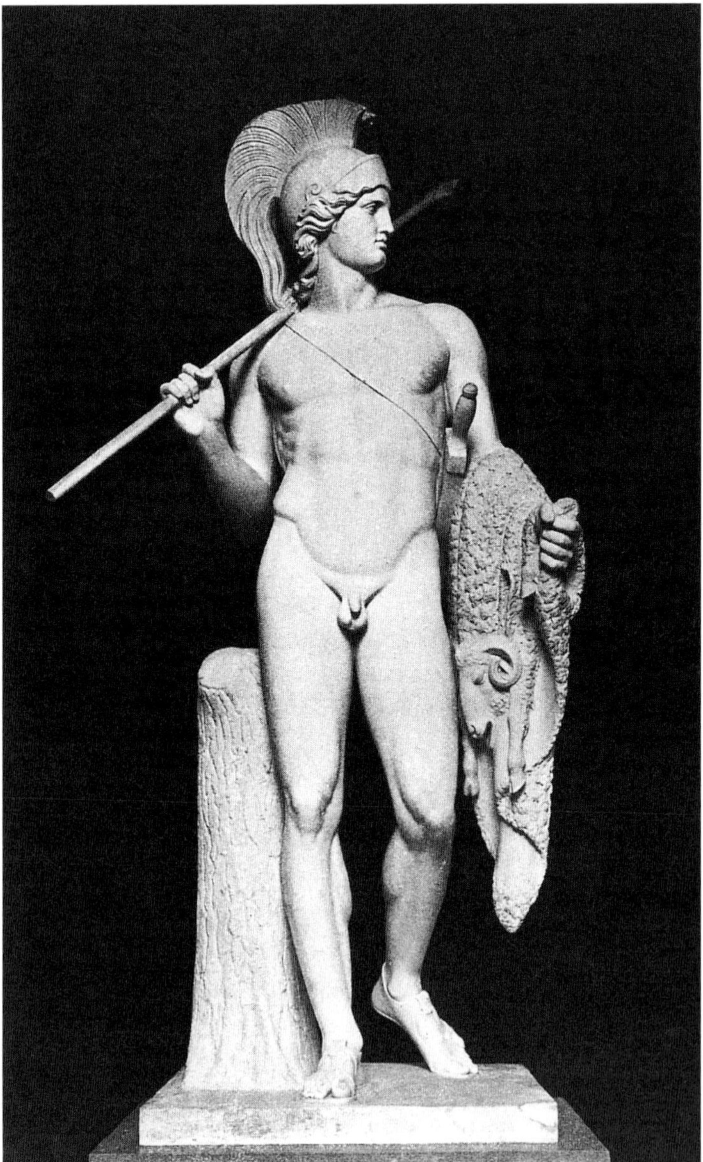

h.c. ernannt. Merzbacher wird als erfolgreicher Pionier in den Annalen der Erdkunde fortleben und als Mann, der für rein ideale Ziele Gut, Leben und Gesundheit aufzuopfern fähig war.«

## Kolchis oder das Goldene Vlies

Auf dem Weg nach Swanetien erreichen wir Kutaisi im legendären Kolcherreich der Argonautensage. Wo sich früher ein mächtiges Königreich ausdehnte, treffen wir heute auf die Spuren der Kriegswirren aus jüngster Zeit. Die wenigen Hotels sind mit Flüchtlingen aus Abchasien belegt, die Wälder abgeholzt, weil es keinen Strom gibt und die Menschen sich mit Feuer behelfen, und das Benzin wird in Einmachgläsern am Straßenrand verkauft. Ein erster ernüchternder Eindruck. Wo vor wenigen Jahren noch eine touristische Hochburg lag, in der sich hohe russische Funktionäre tummelten, haben die Menschen heute kein Geld, keine Arbeit, dafür Angst vor dem nächsten Winter. Kaum vorstellbar, daß Kolchis einmal reich an Gold gewesen sein soll und Iason hier angeblich das Goldene Vlies gefunden hat. Wir begeben uns auf seine Spuren, wollen wissen, zu welchen Ergebnissen die Archäologie gekommen ist und welche Rolle die Swanen im alten Kolchis und für das Verständnis der Sage vom Goldenen Vlies spielen.

Das ostgeorgische Königreich Iberien (auch Kartli genannt) und das westgeorgische Königreich Kolchis (auch Egrisi genannt) gelten als erste georgische Staaten. Was war vorher? Die Informationen über die ältesten Staatsbildungen sind noch bruchstückhaft. Recht viel weiß man dagegen über die Kolcher, die schon im 2. Jahrhundert v. Chr. eine auf dem Ge-

Iason mit dem Goldenen Vlies. Marmor-Statue des dänischen Bildhauers Bertel Thorvaldsen von 1802 (Thorvaldsen-Museum Kopenhagen)

biet Westgeorgiens hochentwickelte Bronzekultur schufen. Die kolchischen Stämme kamen aus dem westlichen und zentralen Teil des Kleinen Kaukasus. Etwa im 9. Jahrhundert v. Chr. gründeten sie einen Staat, den urartäische Quellen als *Kolcha* bezeichnen. Nach den Kimmerer-Einfällen zu Beginn des 8. Jahrhunderts verkleinerte sich ihr Gebiet bis auf das heutige Westgeorgien. Hier konsolidierte sich der von einem Teil der kolchischen Stämme getragene Staat Kolchis. Sein Zentrum lag am Fluß Phasis, dem heutigen Rioni. Die Hauptstadt Kutaia, die von einigen griechischen Autoren erwähnt wird, ist vermutlich in der Nähe des heutigen Kutaisi zu suchen, wo Archäologen Spuren einer umfangreichen Besiedlung aus dem 7.– 5. Jahrhundert v. Chr. entdeckten.

Die Griechen gründeten bedeutende Handelsstädte: Phasis in der Umgebung der heutigen Hafenstadt Poti und Dioskourias, wahrscheinlich nahe der Suchumi-Bucht. Wirtschaftliche Basis waren der Ackerbau und die Eisenproduktion. Metallurgische Zentren aus dem 2. Jahrhundert v. Chr. sind sogar in der Nähe von Mestia in Oberswanetien entdeckt worden. Zwar waren die Swanen zu dieser Zeit in den Bergen noch nicht seßhaft, aber die Gebirgsregionen erlebten durch die Metallvorkommen einen ungewöhnlichen Aufschwung. Am Oberlauf des Rioni entstand das größte metallurgische Zentrum der kolchischen Kultur. Es begann eine regelrechte »Hellenisierung« der Kolchis, und die Griechen bezogen sie mit der Argonautensage in ihre Mythologie ein. Vielleicht sind diese frühen intensiven Kontakte und kulturellen Beziehungen zur griechischen Welt einer der Gründe für die spätere enge Orientierung des georgischen Staates an der westlichen christlichen Welt. Und vielleicht läßt sich so auch erklären, daß die georgische Kultur stark von europäischen Einflüssen geprägt wurde. »Ob man hier den Schauplatz der Argonautensage zu suchen hat«, bezweifelt Merzbacher, »die Stadt des Aietes, wohin Iason auf der

Argo fuhr, ist und wird für alle Zeiten eine offene Frage bleiben.«

Spurensuche im Ausgrabungsfeld der alten kolchischen Stadt Wani am Ufer des Rioni, der für die Griechen der Hauptverkehrsweg in das Königreich war. Seit 1947 forschen in Wani systematisch die bekanntesten georgischen Archäologen. Noch immer dauern die Grabungen unter der Leitung von Othar Lordkipanidse an. Anhand der freigelegten Exponate gelingt es erstmals, die Geschichte der Kolchis deutlicher zu rekonstruieren. Wann genau die Argonauten hier waren, ist aber bis heute unklar. Da Homer, die älteste Quelle griechischer Mythologie, die Argonauten in der Ilias (ca. 8. Jahrhundert) bereits erwähnt, muß der Ursprung noch weiter zurückliegen. Auch die bekanntesten griechischen Tragiker – Euripides, Aischylos und Sophokles – nehmen den Stoff im 5. Jahrhundert als Grundlage für ihre Schauspiele. Die erste geschlossene Darstellung verfaßt Apollonios von Rhodos in seinem vierbändigen Epos um 275 v. Chr. Als Leiter der großen Bibliothek in Alexandria zählt er zu den angesehensten Gelehrten seiner Zeit und hat Zugang zu der umfangreichsten Sammlung von Schriftrollen, Urkunden und Dokumenten der Alten Welt. Erst nachdem die damalige Gelehrtengemeinschaft sein Werk einer Prüfung unterzogen hat, wird die *Argonautica* veröffentlicht.

Wir können heute davon ausgehen, daß die Argonautenexpedition vermutlich schon in der späten Bronzezeit im 13. Jahrhundert v. Chr. stattgefunden hat, lange bevor die Griechen ihre ersten Kolonien an der Schwarzmeerküste gründen. Warum aber hat sich Iason auf die Suche nach dem Goldenen Vlies begeben? Pelias, König von Iolkos schickt ihn los – in der Hoffnung, sein Neffe, der Anspruch auf den Thron hatte, werde bei dieser Fahrt den Tod finden. Das Goldene Vlies zu holen, scheint ihm eine unmöglich zu lösende Aufgabe zu sein. Ursprünglich gehört das Vlies einem goldenen

Widder, der als Nachkomme des Poseidon außerordentlich begabt ist. Als das Tier geopfert wird, erhält König Aietes von Kolchis das Vlies zum Geschenk. Der nagelt es in einem geweihten Hain an einen Baum, wo es von einem furchterregenden, niemals schlafenden Drachen bewacht wird.

Iason plant seine Unternehmung umsichtig und läßt zunächst die *Argo* bauen – das schnellste Schiff, das bis dahin je entworfen wurde. Nachdem er eine fünfzigköpfige Mannschaft zusammengestellt hat, erreicht er nach vielen Abenteuern Kolchis. König Aietes verspricht ihm das Goldene Vlies, wenn er mit feuerschnaubenden Stieren ein Feld pflügen, dort Drachenzähne säen und die aus der Saat aufsprießenden Krieger bezwingen könne. Iason hätte wohl keine Chance, wäre da nicht die Zauberin Medea, die sich in ihn verliebt. Mit ihrem Beistand löst er alle Aufgaben. Da Aietes daraufhin sein Versprechen bricht, raubt Iason das Goldene Vlies und verläßt das Land auf dem gleichen Weg, auf dem er gekommen war.

Die Geschichte von Iason nimmt eine bedeutende Stellung in der abendländischen Literatur ein, denn sie ist das älteste bekannte Epos, das eine Seereise beschreibt. Ob sie auf Wahrheit beruht oder nicht, darüber streiten die Gelehrten seit langem. War es vielleicht nur ein Feldzug, der im Mythos verschönt wird? Haben sich die Argonauten nur auf den gefährlichen und mühsamen Weg gemacht, um Erfahrungen über Metallverarbeitung zu sammeln? Fragen, die bis heute unbeantwortet sind.

Sicher ist dagegen, daß sich die Bevölkerung der alten Kolchis aus westkartwelischen Stämmen zusammensetzt, zu denen auch die Swanen gehören. Bis in die Steinzeit lassen sich ihre Spuren zurückverfolgen. Für die frühe Besiedlungsgeschichte, die im heutigen Niederswanetien beginnt, legen Steinäxte ein wichtiges Zeugnis ab. Im 3. Jahrhundert v. Chr. ziehen die Swanen in die unzugänglichen Bergregionen des

Nordens, um die Bronzevorkommen abzubauen. Als diese erschöpft sind, gewinnt der Handelsverkehr mit den Griechen zunehmend an Bedeutung. Die Swanen liefern Holz und Wachs und unterstützen damit den Schiffsbau der Griechen. Zahlreiche kolchische Münzen aus dem 4.–1. Jahrhundert v. Chr., die Archäologen in Swanetien entdeckt haben, sind eindeutige Beweise für die regen Kontakte zwischen beiden Völkern. Eine besondere Bedeutung hat für die Swanen seit jeher der Widder. Eine ihrer Sagen erzählt, daß sich irgendwo in den kaukasischen Bergen eine verborgene Höhle befindet, in der ein goldener Widder, mit einer Kette aus Gold angebunden, einen versteckten Schatz behütet. Niemand weiß, wie alt diese Sage ist. Fest steht aber, daß die Swanen seit der Bronzezeit unzählige symbolische Darstellungen des Widders angefertigt haben – kleine Figuren, sogenannte *Lachwar*, an deren magische Kraft sie glauben.

Ebenso große Bedeutung hat der Widder für die Goldgewinnung. Die Swanen legen die Widderfelle mit der wollenen Seite nach oben in die Flußläufe, und mit dem strömenden Wasser verfangen sich winzige Goldkörnchen im Vlies. Wenn es ein ergiebiges »Schürfgebiet« flußaufwärts in den Bergen ist, kann das Fell so stark mit Goldstaub durchsetzt werden, daß tatsächlich ein goldenes Vlies entsteht. Strabo vermutet diesen Zusammenhang schon im 1. Jahrhundert v. Chr. Er geht davon aus, daß es sich bei der Argonautenexpedition um tatsächliche Begebenheiten handelt. »Man sagt, daß in ihrem Land (Kolchis) das Gold von den reißenden Bergflüssen heruntergeschwemmt wird und daß die Barbaren es mit Hilfe von durchlöcherten Wannen und wolligen Fellen gewinnen; dies soll der Ursprung des Mythos vom Goldenen Vlies sein.«

Für die Georgier hat die Sage vom Goldenen Vlies heute eine besondere Bedeutung. Sie sind stolz auf ihre Geschichte. Schließlich spiegelt sich in dem Besuch der Argonauten der

In den goldhaltigen Flüssen des Kaukasus suchen die Swanen noch immer mit Widderfellen nach Nuggets. Die Sage vom Goldenen Vlies hat vermutlich hier ihren Ursprung

erste Kontakt Georgiens mit den alten Kulturen des Mittelmeerraums wider. Die Goldsuche mit Hilfe von Widderfellen bleibt bis in die sechziger Jahre unseres Jahrhunderts in Gebrauch.

Durch seine strategisch günstige Lage kann Wani, das zunächst administratives, später auch religiöses Zentrum der Kolchis wird, im Altertum wichtige Handelswege kontrollieren – ein Grund für die wirtschaftliche Blüte der Stadt. Dmirtri Akhvlediani, Archäologe aus Tiflis, zeigt uns einige der freigelegten Plätze und Exponate, die eine Besiedlung während des gesamten 1. Jahrhunderts v. Chr. bezeugen: ein Opferplatz, an dem zahlreiche Votivgaben, Tonfiguren von Tieren und Fabelwesen gefunden wurden, außerdem Reste von hölzernen Tempeln und Wohnhäusern, in den Fels gehauene Opfergruben und große Adelsgräber mit zahlreichen Gold- und Bronzegegenständen. Goldene, mit Widderköpfen verzierte Armreifen aus dem 4. Jahrhundert v. Chr.; Halsketten mit Widdern, Stierköpfen und Vögeln; mondsichelförmige Ohrringe, die man sonst nur aus dem Mittelmeerraum kennt, und viele andere Schmuckstücke aus Gold wurden hier ausgegraben. Die Goldschmiedearbeiten sind die wichtigsten Zeugnisse der Kolchis-Kultur. Die Stücke stammen zwar aus der Zeit der griechischen Kolonien, also lange nach der Ankunft der Argonauten. Wichtig im Zusammenhang mit der Rolle der Swanen in Kolchis ist aber, daß dieses Gold damals und bis in jüngste Zeit in den Bergflüssen des heutigen Swanetiens gewonnen wird.

Auch der Widderkult, der – wie wir später sehen werden – bei den Swanen immer noch lebt, findet seine Entsprechung nicht nur in den Funden von Wani. Ähnliche Entdeckungen machte der swanische Archäologe Dr. Schota Chartolani in den Bergen Swanetiens. Bei Ausgrabungen an Gräbern aus dem 5. u. 6. Jahrhundert fand er Widderköpfe, die aus Bronze gegossen sind. War der Totemismus – jene Geisteshaltung, bei der sich die Sippen einem Tier im mystischen oder verwandtschaftlichen Sinne verbunden fühlen – in der Bronzezeit eine lebendige Einrichtung bei den Swanen? Wurde ihre Sozial- und Stammesorganisation auf die Tierwelt übertragen? Vermutlich werden wir erst in Swanetien Antworten auf diese Fragen finden. In Wani jedenfalls wird deutlich, daß es zu einzelnen Episoden der Argonautensage Entsprechungen in der Archäologie gibt. So scheint sich immer mehr zu bestätigen, daß die Geschichte von Iason und dem Goldenen Vlies einen wahren Hintergrund hat, auch wenn der Mythos vieles hinzudichtet.

## Verborgenes Swanetien

Neben mir im Jeep sitzt Tschabuna, unser Bodyguard. Er lebt in Tiflis und hat in Abchasien an vorderster Front gekämpft. Ich weiß nicht, wie er bei Schlaglöchern solchen Durchmessers schlafen kann. Vielleicht ist er übermüdet, weil ihn nachts die Erlebnisse aus dem Krieg verfolgen und ihm den Schlaf rauben. Seine Kalaschnikow jedenfalls ruht griffbereit neben ihm. Benutzen möchte er sie am liebsten nicht mehr. Sobald er kann, sagt er, soll sie gegen ein Pferd getauscht werden. Mit einem Pferd kämen auch wir hier oben an manchen Stellen schneller vorwärts. Die Swanen haben für den Zustand ihrer Wege eine ganz eigene Definition: Wenn ein Reisender abstürzt und man seine Leiche nicht findet, ist es ein schlechter Weg. Wenn er abstürzt und seine Leiche gefunden wird, ist es ein mittelmäßiger Weg. Stürzt er aber gar nicht erst, dann ist es ein guter Weg. Unser Weg durch die Inguri-Schlucht, wo heute die Straße verläuft, war für sie immer ein schlechter Weg ...

Ein Fahrzeug der UNO begleitet uns aus Sicherheitsgründen entlang der abchasischen Grenze bis zum Inguri-Staudamm. Nach vielen Stunden erreichen wir endlich Swanetien. Die einzige Karte, die uns auf der Fahrt in den Norden exakte Angaben liefert, ist die von Merzbacher. Eine Pionierleistung. Bis heute gibt es über Swanetien nichts Ausführlicheres. Die Straße, die sich von Sugdidi durch das enge Inguri-Tal nahe der abchasischen Grenze in Richtung Berge windet, wurde erst 1937 gebaut. Bis dahin galt die Strecke als unpassierbar, war auch das Rad in Swanetien ungebräuchlich. Als das erste Auto hier oben in die Berge kam, erzählt man, brachte ein alter Swane dem Fahrzeug Heu als Futter. Hauptsächlich, da so spät Straßen gebaut wurden, waren die

Swanen nicht nur vor unerwünschten Eindringlingen, sondern auch vor der Technologie der Neuzeit geschützt. So konnte sich ihre eigentümliche Kultur erhalten, in der sich christliche Lebensformen mit heidnischen Glaubensvorstellungen, Sitten und Bräuchen vermischen, in der die Bevölkerung wirtschaftlich arm, aber unglaublich reich an Kunstschätzen ist.

Mitten durch Swanetien zieht sich das Swanische Gebirge, das die Region in zwei Teile trennt. Oberswanetien liegt im Tal des Inguri, im Kreis Mestia; Niederswanetien im Tal des Henisckali, im Kreis Lentechi. Historischen Nachrichten zufolge sind die Swanen noch in Kolchis ein mächtiges Volk, das auch weiter südlich siedelt. Sprachforscher haben nachgewiesen, daß sich swanische Sprachspuren im gesamten Bergland Westgeorgiens finden. In der Blütezeit Georgiens ist Swanetien eines der großen Fürstentümer und spielt eine bedeutende Rolle im politischen und kulturellen Leben des Königreichs. Erst am Ende des 15. Jahrhunderts, als das Land wieder in mehrere Königreiche und Fürstentümer zerfällt, die fremden Aggressoren hilflos ausgeliefert sind, ziehen sich die Swanen zunehmend in die Abgeschiedenheit der Berge zurück. Im Westen Oberswanetiens entsteht das Fürstentum Dadeschkiliani-Swanetien. Der Fürst ist der Großvater von Professor Joseb Kwiziani, unserem swanischen Ethnologen, der in Tiflis lebt und uns auf unserer Reise begleitet. Nur zufällig erfahren wir von dieser Verwandtschaft, als Joseb in Merzbachers Buch plötzlich überrascht und erfreut ein Bild seines Großvaters entdeckt.

Niederswanetien unterstand der Herrschaft des Fürsten Dadiani. Einzig der Ostteil Oberswanetiens wurde von keinem Feudalherrn kontrolliert. Hier lag das »freie Swanetien«, in dem sich auch die Sowjetmacht nur oberflächlich behaupten konnte. Zu dieser Aussage entbrennt während der Fahrt immer wieder ein heftiger Streit zwischen unseren wissenschaftlichen Begleitern. Professor Kwiziani, aus einer Fürstenfamilie stammend, ist überzeugt, daß die Formulierung »freies Swanetien« von europäischen Reisenden eingeführt wurde, aber nie gerechtfertigt war. Dr. Chartolani dagegen, der Archäologe, dessen Vorfahren Bauern waren, hält die Bezeichnung für richtig. Die Menschen in Oberswanetien seien immer frei gewesen, verteidigt er energisch seinen Standpunkt. Eine Unterwerfung habe es, wenn überhaupt, nur auf dem Papier gegeben.

Unser erstes Ziel ist Betscho, ein Dorf am Fuß des 4737 Meter hohen Uschba, dem Wahrzeichen Swanetiens. »Aus einem einzigen Gusse strebt die schreckhaft kühne Architektur dieser ungeheuren Granittürme, nur durch eine senkrechte Eiskehle verbunden, aus dem Grün der Tiefe bis zum Ätherblau empor«, schwärmt Merzbacher. »Der Uschba gleicht eher der Vision eines Fieberkranken als etwas Wirklichem. Ein sensationelles Werk, in welchem die Natur sich selbst übertrumpfte. Ich weiß mich keines Gipfels zu erinnern, dessen Anblick an Kühnheit und Schönheit den Uschba übertreffen würde.« Der Uschba, der »Fürchterliche«, wie er in der Landessprache heißt, ist ein legendenumwobener Berg, der vielen Swanen als Ort des Unheils gilt. Bevor 1903 der Gipfel erstbestiegen wird, sind 20 Versuche bereits gescheitert. Auch Merzbacher kann die steilen Eisflanken des »Weisheitszahns«, wie die Swanen den Uschba wegen seines Doppelgipfels nennen, nicht bezwingen. Wer den Gipfel erreicht, dem wird heute die Ehre zuteil, sich in London in den »Club der Uschbisten« aufnehmen lassen zu können.

»Geistig sind die Swaneten nicht sehr gut veranlagt, besonders ihre Auffassungsgabe und Urteilskraft ist sehr gering, und daraus erklärt sich auch das starre Festhalten an alten Gewohnheiten, ihr stumpfsinniger Widerstand selbst gegen die beste Neuerung. Nicht die Armut der Natur ist die Ursache des Beharrens der Swaneten bei den armseligsten Lebensbedingungen, sondern die Unfähigkeit, sich der Knechtschaft niedriger Gewohnheit zu entreißen.«

Immer wieder lese ich verwundert Merzbachers Charakterisierung der Swanen. Da gibt es sensible Beobachtungen, die informativ und historisch wertvoll sind. Dann wieder schießt er über die selbst gesteckten Ziele einer sachlichen Darstellung hinaus und macht die Swanen zu skurrilen Sonderlingen. Wirkliches Verständnis und Anerkennung für die Menschen vermögen solche Beschreibungen nicht zu wekken. Sind Äußerungen dieser Art beabsichtigt oder unbewußt mittransportiert? Sind seine Bewertungen mit dem politischen Klima seiner Epoche, mit kolonialem Zeitgeist zu entschuldigen? Natürlich ist er nicht frei von bestimmten Vorurteilen und Denkweisen. Viele stereotype Bilder über die Swanen scheinen ihm einen offenen Blick für das Fremde zu verstellen.

Man muß hier freilich einräumen, daß die meisten zeitgenössischen Ethnologen viele Völker in die primitivsten Entwicklungsstufen einordnen. Sie nehmen an, daß einfache Alltagstechnologien, die über Generationen Teil einer Überlebensstrategie waren, immer auf einem niedrigen Niveau stehen. Trotz aller Unterschiedlichkeit der Reiseberichte jener Zeit lassen sich auffällige Parallelen feststellen. Charakteristisch scheinen die Widersprüche und die Ambivalenz in der Beurteilung des Fremden zu sein. »Man kann den Charakter dieser Naturkinder eigentlich nicht einmal als schlecht bezeichnen; ihr Wesen ist eben roh, unbeholfen und mißtrauisch.« Merzbacher ist sich wie alle anderen Reisenden an der Schwelle zum 20. Jahrhundert sehr wohl seiner privilegierten Stellung als Europäer bewußt. Manche Aussage in seinem Werk ist vielleicht nur ein formales Zugeständnis an die tatsächlich oder vermeintlich an ihn gestellten Erwartungen und nicht so sehr eigener Überzeugung entsprungen. Daraus ergeben sich Brüche und Ungereimtheiten, insbesondere in seinen Berichten über die Swanen. So scheint es mir zuweilen problematisch, seine Schilderungen nur als Faktenmaterial zu werten, ohne die verschiedenen Faktoren zu berücksichtigen, die ihn beeinflussen. Trotz aller Spekulation aber bleibt die Tatsache, daß er die ersten umfassenden Informationen über das Volk der Swanen gesammelt und einer breiten Öffentlichkeit zugänglich gemacht hat.

Stück für Stück enthüllt sich uns eine einzigartige Landschaft. Schneebedeckte Gipfel der Vier- und Fünftausender, reißende Bergflüsse, ausgedehnte Wälder und schönste Almwiesen. Dazwischen Dörfer, die an das Mittelalter erinnern. Erste Kontakte mit den Einheimischen. Die Gespräche verlaufen schleppend. Das Swanische gehört zwar zur kartwelischen (südkaukasischen) Sprachgruppe, aber die Unterschiede zum Ge-

Swanen beim Leichenmahl. Illustration aus Merzbachers Kaukasus-Buch von 1901

orgischen sind für die gegenseitige Verständigung zu groß. Die swanische Sprache, die nie Schriftsprache war, ist neben Deutsch, Englisch, Russisch und Georgisch nun die fünfte, mit der wir auf unserer Reise konfrontiert sind. Maja Tataradse, die Dolmetscherin, und unsere swanischen Begleiter haben alle Hände voll zu tun. Nur dank ihrer Hilfe gelingt es, einen engen Kontakt zu den swanischen Familien herzustellen. Ohne Freunde, das hat uns schon der deutsche Botschafter in Tiflis mit auf den Weg gegeben, ist man hier oben nicht nur aufgeschmissen, sondern lebt auch gefährlich. Werden wir Licht in das Dunkel dieser vergessenen, geheimnisvollen Kultur der Swanen bringen können? Werden uns die Menschen trotz aller düsteren Prognosen Einblick in ihren Alltag gewähren, in ihre Bräuche und Traditionen, ihre Religion und zahlreichen Feste, ihre Sagen und Legenden? Werden wir einige der Verstecke aufspüren können, in denen Kunstschätze vergangener Jahrhunderte verborgen sein sollen?

Ankunft in Mestia. Nie zuvor habe ich solche Ansiedlungen gesehen. Glücklicherweise gibt es nur wenige Gebäude der Marke »sozialistische Einheitsarchitektur«. Vornehmlich prägen Häuser, die aus schwerem Stein errichtet sind, den Ortscharakter. Neben einigen von ihnen ragen riesige Türme in den Himmel. In den ständigen Auseinandersetzungen mit fremden Invasoren, aber auch bei Kämpfen einzelner Sippen, die von der Blutrache diktiert wurden, bauten die Swanen solche Verteidigungsanlagen, die ihnen jederzeit Schutz boten. Sie sind das Statussymbol jeder Familie und werden schon von Xenophon, dem griechischen Geschichtsschreiber im 4. Jahrhundert v. Chr., erwähnt. Die Wehrtürme sind das charakteristische Merkmal der Dörfer Oberswanetiens. »Da unter den heutigen, friedlicheren Verhältnissen Türme nicht mehr gebraucht werden und das Gefüge der Mauern wenig solid ist, so sind die meisten innerlich schon halb zerfallen und zeigen Spuren baldigen Einsturzes. In fünfzig Jahren wird die Physiognomie der swanetischen Landschaften dieses eigenartigen Schmuckes nahezu völlig entbehren.« Mit dieser Prophezeiung hatte Merzbacher nicht recht. Die Türme stehen heute, 100 Jahre später, noch so, wie er sie beschreibt, wenn auch in geringerer Anzahl.

Wir besuchen Ziala Chartolani, die das kleine Museum in Mestia leitet, und lassen uns in die Geheimnisse swanischer Wehrbauten einweihen. In der Bergwelt Swanetiens waren die Dörfer nie von gemeinsamen Schutzmauern umgeben. Jeder hatte seinen eigenen Turm, seine eigene Festung. Die Gesamtanlage des swanischen Hauses besteht aus mehreren Elementen: Ein großes steinernes Haus, das statt Fenstern Schießscharten aufweist, und der steinerne Turm mit einer Höhe von 20 bis 40 Metern. Beide sind durch einen hölzernen Übergang miteinander verbunden. Der Turm hat vier bis fünf Stockwerke. Der erste Stock in etwa fünf Meter Höhe ist nur über eine Leiter zu erreichen, damit der Feind nicht folgen kann. Die jeweils nächsthöhere Etage erklimmt man durch winzige Luken. Sobald das nächste Stockwerk erreicht ist, wird die Leiter hinterhergezogen. Um einen durchgehenden Sturz zu vermeiden, werden die Luken niemals übereinander gebaut. Der oberste Stock, die sogenannte »Krone«, hat mehrere Schießscharten. In dieser Höhe werden die als Baumaterial dienenden Kieselsteine und Steinplatten immer kleiner und die Wände immer dünner. Im ersten Stock erreicht die Wanddicke dagegen eineinhalb Meter. Eine einzigartige Bauweise.

Doch die Türme dienen nicht ausschließlich der Verteidigung. Jeden Herbst, wenn die Steinbockjagd beginnt, muß der Jäger zuvor im Turm eine Woche lang alleine fasten: ein Opfer für die Jagdgöttin Dali, die Herrin des gehörnten Bergwildes. Erst dann darf er auf die Jagd gehen, jedoch nicht mehr als drei Steinböcke erlegen, um die Göttin nicht zu verärgern. Dali spielt im georgischen Mythos eine wichtige Rolle. Sie ist

Dorf in Swanetien zur Zeit von Merzbacher. Die Türme der Clans erinnern an Orte in der Toskana, wie Siena oder San Gimignamo

eine von vier Spezial-Genien des Bersisvlis, der höchsten Jagdgottheit Swanetiens. Er residiert im Hochgebirge, und jegliches wilde Getier ist ihm untertan. Einem gehorsamen Jäger, der die Jagdregeln nicht verletzt, hilft Dali und beschenkt ihn. Der einzige, der sie besiegen kann, ist ein göttliches Wesen wie der heilige Georg, der christliche Märtyrer aus der Zeit des römischen Kaisers Diokletian, der besonders in Swanetien verehrt wird. In der Mythologie ist auch er ein Genius von Bersisvlis: der heilige Georg als Herr der Wölfe, als Beschützer der Reisenden und der Hirten. Er ist spezialisiert auf die Geburt von Söhnen und die Vermehrung von Zuchthengsten. Mit diesen Fähigkeiten verdrängt er allmählich die Göttin Dali. Ihm werden nach erfolgreicher Jagd die Hörner der Steinböcke geopfert. So war es früher, und so ist es heute. Das einwöchige Fasten vor dem Jagdausflug ist noch immer Pflicht, um sich der Jagdgöttin in ganzer Reinheit zu präsentieren.

Der Raum unmittelbar neben dem Haus wird *Matschuba* genannt. An den Wänden hängen Steinbockhörner. Je mehr Hörner, desto größer das Ansehen des Jägers in der Familie. Merzbacher beschreibt die *Matschuben* nicht sehr wohlwollend, mußte er doch zahlreiche Nächte darin verbringen. »Das Innere der swanetischen Wohnungen ruft eher den Eindruck einer Höhle als einer menschlichen Wohnstätte hervor. Schmutz und Gestank tragen das ihrige dazu bei, den Aufenthalt darin für Europäer unerträglich zu machen.« Eine *Matschuba* ist mindestens 70 Quadratmeter groß, ohne Fenster und hat nur eine Schießscharte. Hinter einer aus Holz geschnitzten Trennwand steht das Vieh wie in einer Theaterloge. Menschen und Vieh sollen während des Überfalls zusammenbleiben, damit der Feind die Tiere nicht entführt.

In der Mitte des Raumes befindet sich *Kera*, die Feuerstelle, ein Symbol der Familienzusammengehörigkeit. An diesem hei-

Mittelpunkt der dunklen Matschuba ist die heilige Feuerstelle, um die sich traditionsgemäß die Sippe versammelt

ligen Platz, der mit Abbildungen vom Widder, Ochsen, Steinbock, Pferd und anderen Tieren geschmückt ist, versammelt sich die Familie. Bei den rituellen Mahlzeiten übertragen sich die Eigenschaften dieser Totems auf die ganze Sippe. Auch die Kette, an der riesige Kupfertöpfe über dem Feuer hängen, gilt als heilig. Auf sie werden Eide ausgesprochen oder Flüche ausgestoßen. Die Kette zu rauben, ist Grund genug für die Blutrache, denn man ist sicher, daß der Diebstahl den Zerfall der Familie nach sich zieht. Bei Hochzeitsfeierlichkeiten hauen die männlichen Verwandten des Bräutigams mit Säbeln gegen die Kette, in der Hoffnung, daß aus der künftigen Ehe ebenso viele Kinder hervorgehen, wie Funken geschlagen wurden. Rund um die Feuerstelle verteilt sich die Familie nach einer streng festgelegten Sitzordnung. Eine wichtige Rolle spielt *Mesir*, der Gott der Feuerstelle, für den man immer ein Gedeck bereithält und ein kleines Loch in der Wand läßt. Er schützt die Familie vor Unheil und erscheint in Form einer Maus mit weißen Streifen oder einer weißen Schlange.

Unter der *Matschuba* ist ein großer Kellerraum, der bis zu 500 Quadratmeter groß sein kann. Hier halten die Swanen ihre Gefangenen fest oder verstecken sich selbst vor Feinden. Aus dem Schimmel, der die feuchten Wände bedeckt, stellten sie schon in vorchristlichen Zeiten hochexplosives Schießpulver her. Sie vermischen ihn mit der Asche von verbrannten Rhododendronsträuchern, um die richtige Zusammensetzung zu erhalten. Wir wollen den Wahrheitsgehalt dieser Aussage testen und kratzen einige Proben vom Mauerwerk. Die chemische Analyse in Deutschland im Anschluß an unsere Reise bestätigt: Es handelt sich um eine Nitratsubstanz, aus der Schießpulver hergestellt werden kann. Wir erinnern uns, daß die Swanen seit dem Geographen Strabo (63 v. Chr.– 20 n. Chr.) als ein äußerst kriegerisches Volk bekannt sind.

*Matschuben* und Wehrtürme werden heute nicht mehr in der beschriebenen Form genutzt. Als stumme Zeitzeugen prägen sie das Bild der Dörfer Oberswanetiens und geben diesen einen eigentümlichen Charakter. Die heidnischen Kulte aus grauer Vorzeit aber vermischen sich noch immer harmonisch mit den orthodoxen Riten der Swanen.

Die Swanen sind orthodoxe Christen. Fragt man sie, wie alt das Christentum in Swanetien ist, bekommt man die unterschiedlichsten Antworten. Den engen Bindungen, die die Kaukasusländer dank der zahlreichen Handelsstraßen mit den Zentren der Alten Welt hatten, entspricht die Vielfalt der von dort kommenden religiösen Einflüsse. Auch griechische Kulte, die sich von Kolchis kommend in Georgien verbreitet haben, besitzen zahlreiche Anhänger. Die Verbreitung des Christentums beginnt seit dem 1. Jahrhundert mit den Aposteln Paulus und Andreas. Im 4. Jahrhundert wird es zur Staatsreligion erhoben. Der Überlieferung nach setzt es sich nicht zuletzt durch das Charisma der heiligen Nino durch, der eigentlich treibenden Kraft. Die ›Erleuchterin‹ Georgiens, die heute als Nationalheilige verehrt wird, besitzt nach der Legende die Macht, Kranke durch ihre Berührung zu heilen.

Da Swanetien immer ein Land der Abwehr und des Widerstandes war, kann es nicht verwundern, daß es noch viele Jahre dauert, bis der orthodoxe Glaube die Swanen erreicht. Wann genau das geschieht, weiß keiner so recht. Die einen sprechen vom 6. Jahrhundert, andere vom 9. Jahrhundert, und in Oberswanetien soll es sogar bis zum 12. Jahrhundert gedauert haben. Die Quellen sind dürftig, vielleicht, weil die Bekehrung zur neuen Religion zu oberflächlich oder sogar zwangsweise erfolgt. Sicher ist, daß auch nach der Christianisierung heidnische Glaubensvorstellungen weiterbestehen. Die Götter und Geister hausen noch lange in den heiligen Stätten der Swanen. Von Adischi, einem der höchstgelegenen Orte in Oberswanetien, schreibt Merzbacher: »Die Menschen fielen wieder in völliges Heidentum zurück, und ihre Bewohner wurden erst im Jahre 1865 wieder zur christlichen Lehre zurückgeführt. Die Religion der Swanen ist nur mehr eine bizarre Mischung aus Heidentum und Christentum. Die Heiligenbilder der Kirchen vertreten bei ihnen nur die Stelle der alten heidnischen Gottheiten, deren Einfluß sie fürchten und die sie durch Opfergaben sich günstig zu stimmen suchen.«

In Oberswanetien gibt es Hunderte von Kirchen. Genau hat sie wahrscheinlich noch niemand gezählt. Die meisten sind zwischen dem 10. und 12. Jahrhundert erbaut worden. Unscheinbare kleine Kirchen, innen manchmal nicht größer als sechs Quadratmeter. Der Eingang ist oft so eng und niedrig, daß man nur gebückt ins Innere gelangen kann. Über mancher Tür ragt ein Steinblock aus der Mauer, der in Form eines Widderkopfes behauen ist. Im Innern der Kirchen haben sich die Swanen nie wohl gefühlt. Sie gehen nur hinein, um Kerzen anzuzünden, alles andere spielt sich in den Vorräumen und unter freiem Himmel ab. So ist es schon, als Merzbacher sich in Swanetien aufhält. »Das Volk wohnt dem religiösen Ceremoniell außerhalb im Freien bei und bringt Opfer dar, gleich wie es früher an den heidnischen Altären zu tun pflegte.« Da wird Feuer gemacht, werden Opfertiere geschlachtet, wird Gebäck gebacken und *Rachi* getrunken, der swanische Schnaps. Es gibt keine pompösen Gottesdienste und keine Geistlichen. Die Swanen brauchen keinen Vermittler zwischen sich und Gott. Merzbacher trifft 1891 noch Priester an. »Sie besitzen nur geringen Einfluß auf das Volk; sie sind meist ungebildet, öfters dem Trunk ergeben oder sonst nicht sittlich rein in ihrer Lebensführung. Wo ein guter Pope sitzt, macht auch die Bevölkerung Fortschritte in Religion und Sitte.«

Heute gibt es weder Geistliche noch Zugang zu den Kirchen, für Fremde schon gar nicht. Nach Plünderungen während der kommunistischen Herrschaft, bei der durch zunehmende Russifizierung die Identifikation mit der eigenen Kultur verlorenzugehen drohte, wurden sie verschlossen, verriegelt und versiegelt. Opfergeld werfen die Einheimischen nun von außen durch die offenen Scharten. Fast niemand hat mehr Zugang zu den Kunstschätzen, den Fresken und Ikonen, dem »Gold Swanetiens«.

Viele ihrer Kirchen haben die Swanen auf Felsen gebaut, als Symbol für den festen Glauben. Die meisten aber entstanden an den alten, zentralen Stätten heidnischer Bräuche. Für den Platz, an dem *Lagurka* steht, die berühmteste Kirche Swanetiens, entschied man sich erst, nachdem zwei heilige Ochsen freigelassen wurden. Sie liefen auf einen Hü-

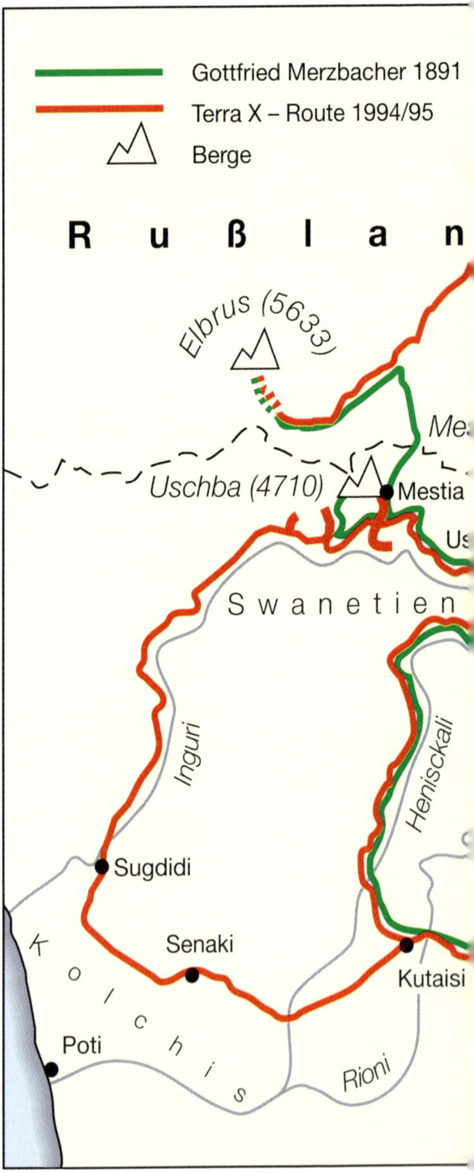

Nord-
Ossetien
Tsche-
tschenien
Kabardino-
Balkarien
Grosny
Wladikawkas
Inguschetien
Süd-
Ossetien
Daghe-
stan
Georgien
Tbilissi
Aserbajdshan
Baku
Armenien
Nagorno-
Karabach
Baksan
Naltschik
Terek
Beslan
(3751)
Kasbek
(5047)
Wladikawkas
Georgische Heerstraße
Rioni
e o r g i e n
Zchinvali
Aragva
Chaschuri
Kura
Gori
Tbilissi
0
25
50
75
100 km

gel oberhalb des Ortes Kala und legten sich an einer bestimmten Stelle mit Blick auf den Uschba nieder. Damit war klar, wo *Lagurka* gebaut werden mußte. Schlußfolgernd spekuliert Merzbacher, »daß die swanetische Kultur keineswegs ein Ableger der georgischen ist, sondern älter als letztere und unabhängig von ihr sich entwickelte. Obwohl die Sage bei den Swaneten die Entstehung der Kirchenbauten, wie überhaupt alles Bedeutende an Menschenwerk im Lande, der Zeit der Königin Tamara (1184–1212) zuschreibt, geht doch aus ihrer Bauart hervor, daß sie mit hoher Wahrscheinlichkeit aus der allerersten Zeit der Einführung des Christentums im Kaukasus stammen.«

Täglich begegnen wir Freunden und Verwandten unserer swanischen Begleiter. Die Gastfreundschaft ist überwältigend, egal, an welchem Ort Oberswanetiens wir uns aufhalten. Doch wann werden wir Antworten auf die vielen noch offenen Fragen erhalten? Fragen nach den Festen der Swanen, der Rolle der Kirche, den Kunstschätzen... Bevor die journalistische Neugier gestillt werden kann, müssen die Gesetze der Gastfreundschaft befolgt werden. Das bedeutet essen und trinken, manchmal dreimal, manchmal fünfmal am Tag. Bevor die Gäste nicht mit allem versorgt sind, was die Küche zu bieten hat, ist es unmöglich, ins Gespräch zu kommen. Eine Tradition in Georgien, die nicht zum Zeitvertreib gepflegt wird, sondern spirituelle Funktion hat. Der *Tamada*, das Oberhaupt der Tafel, bringt einen Toast aus, und jeder am Tisch leistet seinen Beitrag. Nach strengen Regeln wird auf die Vorfahren getrunken, die Eltern, die Zukunft der Kinder, den Tod, das Glück der Gastgeber, die Vergangenheit der Gäste. Man ermutigt uns, auf dem rechten Weg zu bleiben. Etwas Schlechtes zu sagen oder das Ritual nicht durchzuhalten, wäre unhöflich. Eine stundenlang dauernde Zeremonie. Die Kommunikation bei Tisch hält sich ausschließlich an dieses Ritual. Sollen andere Themen angesprochen werden, muß vorher der *Tamada* um Erlaubnis gefragt werden. Man kann sich vorstellen, wie trinkfest meine männlichen Begleiter sein müssen – als Frau genieße ich diesbezüglich einige Vorteile – und wie schwierig es ist, ein ganz »normales« Gespräch zu führen. Doch je mehr Schnaps geflossen ist, desto lockerer gehen die Gastgeber mit den Tischsitten um. Wir unterhalten uns mit Bawschti, einem Nachbarn, über das Fest, das heute am Fuß des Uschba gefeiert wurde.

## Baumzauber, Sonnenkult und Widdermagie

Jedes Jahr am dritten Dienstag nach Ostern wird in den Dörfern um Betscho Chwidob gefeiert, ein Fest, bei dem Bawschti die Gebete spricht. Es findet am Fuß des Uschba auf einer langgestreckten Almwiese statt, in deren Mitte eine große Eiche steht. Bei Sonnenaufgang kommen Kinder und Frauen mit Opfergaben: Hirsemehl, Mais, Käse und Perlenketten. Der Käse muß aus Milch gewonnen sein, die am ersten Montag nach Neumond gemolken wurde. Die Ketten werden unter der Eiche vergraben, damit der Familie ein Sohn geboren wird. Sobald ein Junge auf der Welt ist, holt die Mutter die Perlen wieder hervor, und er bekommt sie für zwei Jahre umgehängt. Dann werden sie erneut vergraben. Während der Opferung betet Bawschti zur Mutter Gottes, zu Christus und zur heiligen Barbara. Nach dem Schlachten von bis zu 60 Opfertieren werden die Innereien in der oberhalb des Platzes gelegenen Kirche geopfert und das Fleisch andächtig an der Eiche verspeist. Wer diese Eiche fällt, sagt Bawschti, wird mit schwerer Krankheit oder Tod bestraft. Schon die kleinen Kinder wissen, daß der Platz um den Baum eine Tabuzone ist, wo noch nicht einmal auf dem Boden liegende Äste eingesammelt werden dürfen.

Der Baumkult hat in Swanetien bis heute besondere Bedeutung. In der Gemeinde Kala, unterhalb der berühmten Kirche *Lagurka*, gilt der uralte Kiefernwald den Swanen seit jeher als unantastbar. Es ist ein Ort der Finsternis und der Unwägbarkeiten. Würde man auch nur einen Span wegtragen, hätte das den Zorn Gottes zur Folge, der sich mit einem starken Hagel rächen würde. Hier trifft man sich mindestens einmal im Jahr zu einem großen Opferfest. Auch in der Gemeinde Mulachi gibt es einen heiligen Wald, in dem niemand roden darf und an dessen Rand eine Fichte steht, die von den Swanen verehrt wird.

Ist hier nicht ein deutlicher Bezug zur Argonautensage zu erkennen? Apollonius von Rhodos schreibt nicht nur von dem Goldenen Vlies des Königs Aietes, das an einem heiligen Baum hängt, sondern auch von den Kolchern, die die Leichen der Männer in Stierhäute einnähen und an Bäume hängen, während die Leichen der Frauen der Erde übergeben werden. Auch die frühen Reisebeschreibungen aus dem Kaukasus erwähnen heilige Bäume und Wälder. Jean de Luca berichtet Mitte des 17. Jahrhunderts von Wäldern, in denen Schädel geopferter Widder aufgehäuft werden. Die Bäume sind mit Pfeilen, Bogen und Schwertern behängt. Im 18. Jahrhundert überliefert der Historiker Wachuschti, daß die Abchasen die Toten bekleidet und bewaffnet in Särgen auf Bäume stellten. Englische Reisende beschreiben etwa zur selben Zeit, wie jedem Hain eine gewisse Anzahl von Familien zugezählt wird. Wenn Feindseligkeiten zwischen den Stämmen ausbrechen, äschert man sich gegenseitig die heiligen Haine ein. Von Klaproth erfahren wir im 19. Jahrhundert, daß die Bergvölker den Wäldern Widder und Schafe opfern, deren Fleisch verspeisen und die Felle auf die Bäume hängen. Hahn schreibt 1896 von Wallfahrten der Swanen zu einzelnen Bäumen, bei denen kranke Pilger sich ein Stück des Baumes, in einen Fetzen gewickelt, um den Hals hän-

Anbetung der heiligen Eiche von Mazeri. Wer hier einen einzigen Ast abschlägt, wird nach dem Glauben der Swanen mit schwerer Krankheit bestraft

gen. Auch dürfen Tiere im heiligen Wald nicht geschossen werden, was in Swanetien bis heute gilt.

Als sich das Christentum langsam verbreitet, sind die Missionare klug genug, die heidnischen Heiligtümer nicht zu zerstören. Sie beginnen, ihre Kreuze in den heiligen Wäldern aufzustellen und die Kirchen in unmittelbarer Nähe zu bauen. Heute sind diese Stätten Wallfahrtsorte und Heiligen geweiht, zu deren Namensfest die Swanen von weither kommen. Die vorchristlichen Bräuche sind noch lange nicht in den Hintergrund getreten. Der Baumkult existiert bei den Swanen bis in die jüngste Zeit. In welchem Ausmaß *Chwidob* und die anderen Feste in Oberswanetien allerdings gefeiert werden, hängt wegen der kritischen politischen und wirtschaftlichen Entwicklung im Land vor allem von der jeweiligen Versorgungssituation ab.

Um Mißverständnissen vorzubeugen, sei an dieser Stelle darauf hingewiesen, daß ich unter ›heidnisch‹ nicht etwa ›religiös rückständig‹ verstehe. Der Begriff soll jene Geisteshaltung der Swanen bezeichnen, die mit den religiösen und kulturellen Überlieferungen vor Einführung des Christentums zu tun hat.

Wir sind in Ezeri, einem kleinen Ort nahe Betscho. Hier haben Archäologen unter der Leitung unseres Begleiters Schota Chartolani eine befestigte Hügelsiedlung aus dem 7.–3. Jahrhundert v. Chr. mit Wohnanlagen und Resten von Kultgebäuden ausgegraben. Zu den für die Rekonstruktion der Geschichte Swanetiens interessanten Funden gehören Bronzeschnallen, die mit Sonnensymbolen geschmückt sind, und ein Widderskelett. Auch an Getreidegefäßen wurden Sonnenmotive entdeckt. Belegen sie einen Sonnenkult der Swanen? Es gibt eine Reihe von Anzeichen für die bis heute lebendige Tradition, sei es in der Musik – in der Sonnenhymne Lile – oder bei ihren großen Festen. Der Sonntag heißt in der wörtlichen Übersetzung bei den Swanen »Sonnentag«. Swanische Frauen backen an Feiertagen Lemsir, heiliges Gebäck zu Ehren der Sonne. Es sind Weizenplätzchen in Sonnenform mit drei Strahlen. Seit Jahren streiten sich die Wissenschaftler, ob Lemsir für den Sonnenkult der Swanen oder für die Dreifaltigkeit steht. Eine andauernde Auseinandersetzung, bei der es um die Frage geht, welche Bräuche der Swanen als heidnisch einzustufen sind, welche als christlich und wo sich beide miteinander vermischen.

Wegen Geldmangels mußten die Ausgrabungen in Ezeri 1988 gestoppt werden, so, wie an allen Fundorten Swanetiens. Wäre die wirtschaftliche Situation stabiler, könnte die Geschichte dieser Bergregion viel besser erforscht werden.

Wir beobachten den Fackelzug *Lamproba,* der einmal im Jahr in einigen swanischen Dörfern stattfindet. Es ist sechs Uhr morgens. In der Dämmerung versammeln sich die Männer mit zwei Meter hohen Fackeln aus Birkenholz, rammen sie kreisförmig in die Erde und setzen sie in Brand. Man wendet sich Richtung Osten zur Sonne und betet zu Gott und zum heiligen Georg. Ein alter Mann führt einen kräftigen Widder in die Runde und zündet eine Kerze an. An drei Stellen sengt er dem Tier das Fell an und führt es dreimal im Kreis; ein Symbol für die Dreifaltigkeit. Dann führt er das Messer an den Hals des Tieres und sticht zu. Im gleichen Moment geht die Sonne auf. Eine gespenstische Stimmung. Ist *Lamproba* eine Mischung aus Feuer-, Widder- und Sonnenkult? Auf jeden Fall ist es das einzige Fest, bei dem ausschließlich Widder geschlachtet werden dürfen. Und fragt man die Menschen nach ihrem Glauben, fällt die Antwort eindeutig aus: »Wir sind Christen!«

Zur Sonnenwende feiert man in Betscho und Mestia das traditionelle Sonnenfest *Helichi*; in dem swanischen Wort klingt *Helios*, die griechische Bezeichnung für »Sonne«, nach. Früher haben sich die Menschen für diesen Tag zu einer zweiwöchigen Wanderung aufgemacht, von der Mündung des Inguri an der Schwarzmeerküste bis zur Quelle in den Bergen, um hier die Sonne anzubeten. Heute gleicht *Helichi* eher einem Volksfest, mit Pferderennen, Wettkämpfen im Ringen, Steinwerfen und Schießen. Ochsen und Widder, die als Opfertiere bestimmt sind, tragen Tierkämpfe aus. Da sie ihrer Bestimmung nach allein – fernab der Herde – gehalten werden, gelten sie als besonders aggressiv und daher geeignet für die Kämpfe. Nach dem Kampf werden sie geschlachtet, und der Besitzer des Siegers genießt von diesem Moment an besonderes Ansehen.

Die Bedeutung des Astralkultes der Swanen ist in der Wissenschaft umstritten. Wie kann er sich entwickelt haben? Chartolani geht aufgrund der archäologischen Funde davon aus, daß die Sonne schon vor der Entwicklung von Ackerbau und Viehzucht eine kultische Rolle gespielt haben muß, weil

Wie schon ihre Ahnen tragen die Bauern noch heute den typischen Filzhut

sie im gebirgigen Swanetien mit seinen extremen klimatischen Bedingungen als Symbol für Licht, Wärme und Leben gilt. Die weitere Verbreitung des Sonnenkultes hängt vermutlich stark mit der landwirtschaftlichen Entwicklung und den damit einhergehenden ersten Erkenntnissen der Swanen über den Sonnenzyklus zusammen. Auch werden Tier- und Sonnenkult miteinander verbunden, wie eine Gürtelschnalle aus den ersten Jahrhunderten n. Chr. zeigt, auf der ein Widderkopf und die Sonne zusammen dargestellt sind. Ein interessanter Brauch ist bis heute bei den Swanen erhalten geblieben. Während Totenfeiern dürfen die Trauernden erst dann lachen, wenn die Sonne untergegangen ist. Das Weinen um den Verstorbenen beginnt wieder mit Sonnenaufgang. Nach ihrem Glauben wandert die Sonne ins Reich der Toten. Deshalb darf man so lange fröhlich sein, bis sie wieder aufgeht.

Schon nach alten swanischen Überlieferungen war Milch ein Symbol für die Sonne. Der Milchstrahl beim Melken steht symbolisch für den Sonnenstrahl. Die Milch einer jungen Kuh, die zum erstenmal gemolken wird, darf nicht getrunken werden. Die Frauen gießen sie durch das Loch eines ausgewählten Steines auf den Boden, wo sie als Zeichen für Fruchtbarkeit in der Erde versickert. Der Stein symbolisiert die Gebärmutter. Fällt der Strahl durch sein kreisrundes Loch in die Erde, wird der Familie ein Sohn geboren. Man hängt der Kuh den Stein um den Hals und erwartet den Tag des *Dshergansh*, einen Festtag, an dem nur Frauen teilnehmen. Sie versammeln sich bei Sonnenaufgang in einer winzigen Kirche oberhalb von Mazeri, wenden sich Richtung Osten und beten zur heiligen Barbara, die für Geburten zuständig ist. Dann werden die runden Steine geopfert. Hunderte solcher Opfersteine entdecken wir in den Ritzen und Nischen des verfallenen Gemäuers. Wir sind überrascht. Immer wieder stellt sich die gleiche Frage: christlich oder heidnisch? Die Menschen wenden sich in ihren Gebeten ausschließlich an Heilige der Kirche. Doch viele der Rituale entspringen eindeutig vorchristlichen Bräuchen.

In welchem Zusammenhang der Sonnenkult der Swanen mit dem alten Königreich Kolchis steht, läßt sich nur vermuten. Auch für die Griechen ist die Sonne Quelle des Lichtes und der Wärme, und in ihrer Mythologie ist der kolchische König Aietes der Sohn des griechischen Sonnengottes Helios. Er ist der Inbegriff und das Symbol des Lebens, und der tägliche Untergang der Sonne ist somit ein Sinnbild des Todes. Für die Menschen der Antike ist der Weg, den Helios nachts von Westen nach Osten hin zurücklegt, von tiefem Geheimnis umgeben. Die Geschichte kennt unzählige und komplizierte Sonnenmythen. Bei den Swanen hat die Verehrung der Sonne in ihrer Musik und an ihren Festtagen überlebt – ein weiteres Beispiel für den Mischcharakter ihrer Religion.

Viele russische Reisende berichten über den Brauch der Swanen, Hörner von Ochsen, Steinböcken, Widdern und Hirschen in der Kirche zu opfern. Die Feuerstellen waren mit Abbildungen dieser Tiere geschmückt. In Mulachi hat erst kürzlich ein swanischer Bauer beim Pflügen eine Ochsenfigur aus der Spätbronzezeit gefunden: ein wichtiges Indiz für den totemistischen Glauben der Swanen. Warum aber war und ist der Ochse für sie heilig? Aus den Erzählungen der Swanen während unseres Aufenthaltes geht eindeutig hervor, daß der Ochsenkult bis heute in vielerlei Form überlebt hat. Besaß früher jede Familie einen heiligen Ochsen, wird heute in der Regel nur noch einer von der Dorfgemeinschaft großgezogen. Diese Tiere werden nicht zur Arbeit eingespannt, müssen jung sein, schöne Hörner und eine gelb-weiße Färbung haben: gelb für die Sonne und weiß für die Reinheit. Seine Weihe erhält das Tier, indem das Familienoberhaupt mit dem Ochsen in die Kirche geht, wo er zunächst einen Schnaps bekommt und anschließend dem heiligen Georg versprochen wird. Dabei wird der exakte Zeitpunkt des Schlachtens festgelegt. Eine größere Menge Schnaps bekommt der Ochse erst wieder unmittelbar vor seinem Opfertod, damit er nicht zu sehr leidet. Die Verantwortung für die Pflege des Tieres trägt eine ausgesuchte Familie innerhalb der Dorfgemeinschaft. Die Übernahme dieser Aufgabe ist eine besondere Ehre.

Am Silvestermorgen feiern die Swanen *Somcha*. Der Herr des Hauses führt bei Sonnenaufgang seinen Ochsen zur nächsten Quelle und betet dort für die Familie. Jedem, dem er auf dem Weg zur Quelle begegnet, wird großes Glück widerfahren. Nach der Rückkehr zieht der Hausherr mit dem Ochsen einen dreifachen Kreis um die Feuerstelle. Das stärkt die Einheit der Familie. Dann wirft er eine Handvoll Schnee als Symbol für Reinheit und Gesundheit in das Feuer. Anschließend wartet man auf den ersten Gast, der eine Fackel mitbringt, die für den Wunsch der Familie steht, ein Leben lang Feuer zu haben.

Der Ochse als Totem, als heiliges Tier, dem man sich in einem mystischen Sinn verbunden fühlt, der als Schützer und Helfer aufgefaßt und dementsprechend ehrfurchtsvoll behandelt wird, steht für Stärke, Reichtum, gute Ernte und Ausdauer. Über die Entstehung dieses Totemismus gibt es nur Theorien. In der Ethnologie hängt er meist mit einem bestimmten Jägerkulturkreis zusammen. Dies könnte bei den Swanen zumindest die Verehrung der Steinböcke erklären. Der Kult um den Ochsen geht vermutlich auf das enge Verhältnis des Menschen zum Tier vor der Entwicklung des Ackerbaus zurück. Mit diesem, vermutet Chartolani, weitet sich die Verehrung des Tieres zur Verehrung der gesamten Natur aus, zu dem bereits beschriebenen Astralkult. Zunehmend suchen die Swanen ihre Beschützer im Himmel, bei Sonne, Mond und Wind. Die Totemtiere verschmelzen mit himmlischen Gottheiten. Sie stellen jetzt die »äußere Hülle« der Gottheit dar und werden zum Opferobjekt. In der Sonnenhymne *Lile* werden Ochse und Sonne ebenso besungen wie in dem swanischen Lied *Barbal Dolasch* (Barbal ist eine der Hauptgöttinnen des swanischen Pantheons), in dem es heißt: »Die Ochsen bringen die Sonne mit den Hörnern rein, die Sonne ist dein...« Vielleicht liegt die Wiederbelebung des Ochsenkultes auch in der gegenwärtigen Wirtschaftskrise begründet. Es gibt kein Benzin mehr, und die Menschen sind zunehmend wieder auf die Arbeitskraft der Ochsen angewiesen.

Anhand vieler archäologischer Funde läßt sich belegen, daß der Totemismus in Swanetien während der Bronzezeit eine wichtige Rolle spielt. Totemsymbole gelten als Beschützer einer Sippe und sind eine Art Familienwappen. Man trägt sie als Nadel an der Kleidung oder als Kette am Hals. Bei den Swanen sind Widderfiguren und »Widdervögel« mit stilisierten Hörnern und schnabelartigem Maul verbreitet. Werden die heiligen Widder geschlachtet, dürfen Herz und Leber nicht verspeist werden und nur Familienangehörige anwesend sein. Hat ein anderer von dem Fleisch gegessen, müssen sich beide Familien nach strengen Ritualen versöhnen. Die Knochen werden vergraben, aus dem Widderfell werden Schuhe gemacht, oder man benutzt es zur Goldsortierung – wie in der Argonautensage beschrieben und wie es bis in jüngste Zeit üblich war. Am Oberlauf des Inguri nahe Uschguli, dem mit 2200 Metern höchstgelegenen Dorf Oberswanetiens,

Magische Zeichen für den immer noch lebendigen Widderkult. Die Hörner der Tiere werden sogar in Kirchen aufgehängt

wissen die Menschen über die Methode der Goldgewinnung mit Hilfe von Widderfellen besser Bescheid als irgendwo sonst. Hier, sagen sie, kam das Goldene Vlies von Iason her, denn hier gab es früher Forellen in Hülle und Fülle. Gold kam man nur in forellenhaltigen Flüssen finden, da es das Wasser reinigt, und Forellen sich nur in solch klarem Wasser aufhalten.

Der Widderkult spielt noch immer eine Rolle, besonders bei den älteren Swanen. Nie würde eine traditionsbewußte Familie einen Widder verkaufen. Sie werden gepflegt, nicht geschlagen, wachsen alleine abseits der Herde auf und genießen alle Freiheiten. Und wenn ihr Tag gekommen ist, der Tag der Opferung, erinnern später ihre Hörner in den Kirchen an den ehrenvollen Tod. Schon im Urchristentum war der Widder ein Sinnbild für Jesus.

## Gletscher-Gold – das Mysterium der Ikonen

»Meine Hoffnung, die Heiligtümer sehen zu dürfen, sank auf Null; wußte ich doch aus den Berichten anderer Reisender, daß der Besuch swanetischer Kirchen den Fremden stets verweigert wird, selbst gegen klingenden Lohn. Es geschieht dies, weil befürchtet wird, man könnte von ihrem Inhalt etwas wegnehmen«, beschreibt Merzbacher seinen schwindenden Optimismus, als man ihm auch nach mehreren Versuchen keinen Einlaß in die Kirchen gewährt. Das war 1891.

Unser Optimismus steigt dagegen, je länger wir uns in Oberswanetien aufhalten. Wir sind nun im Ostteil der Region, im sogenannten »freien Swanetien«, in den Dörfern Kala, Adischi und Uschguli. Sollte es uns hier gelingen, bei unserer »Schatzsuche« endlich fündig zu werden und einen Blick in das Innere der Kirchen zu werfen? Einen ersten Eindruck von dem, was in den Gotteshäusern aufbewahrt und versteckt wird, haben wir in dem kleinen Museum von Mestia erhalten. Ikonen und Kreuze mit Treibarbeiten in Gold und Silber aus dem 10.–13. Jahrhundert. Eines der wertvollsten Stücke ist ein Evangeliar aus dem Jahr 878, das aus Adischi stammt, aus der einzigen Kirche Swanetiens, die nie geplündert wurde. Königin Tamara soll das Evangeliar im 12. Jahrhundert hier versteckt haben. Beim Anblick dieses berühmten und religionsgeschichtlich wertvollen Werkes kann man kaum glauben, daß es in einer winzigen Kirche am Ende der Welt viele Jahrhunderte zwischen Staub und Spinnennetzen so gut erhalten blieb. Es ist eines der ersten geschriebenen Bücher Georgiens, nicht einfach nur aus dem Griechischen übersetzt, sondern reich dekoriert mit Blumenminiaturen, deren Ausführung und Farben beeindruckend sind. Mit diesem Werk beginnt die Geschichte der Buchmalerei in Georgien.

Adischi ist ein winziger Ort, 2134 Meter hoch gelegen und von der Außenwelt fast völlig abgeschnitten. Im Winter ist das Dorf überhaupt nicht zu erreichen und im Sommer nur mit größter Mühe. Von hier aus gibt es keinen Weg über die Berge, keine Pässe, nur einen traumhaft schönen Blick auf die Gipfel und Gletscher der umliegenden Fünftausender. Sieben Kirchen hat die kleine Siedlung. Wir suchen den Ikonenwächter der Jesuskirche auf, aus der das Evangeliar im Museum von Mestia stammt. Wie jede Kirche in Swanetien hat sie ihren eigenen Wächter. Die Schlüsselgewalt wird innerhalb der Familie seit Jahrhunderten weitervererbt. Nach kurzer Zeit hat Tariel ihn aufgespürt. Es ist German Kaldani, ein alter Mann, der die Kirche seit 25 Jahren bewacht. Fremde seien schon seit langer Zeit nicht mehr da gewesen, erzählt er, und die Kirche sei ebenso lang verschlossen geblieben. Wenn wir unbedingt rein wollten, werde er sie ausnahmsweise aufschließen, denn er müsse sowieso die Ikonen zweimal im Jahr lüften; es sei wieder an der Zeit.

Eine halbe Stunde bangen Wartens vergeht, dann ist endlich der Schlüssel gefunden. Die Kirche, die von außen grau, klein und unscheinbar aussieht, birgt im Innern eine kleine Schatzkammer. Vielleicht zehn oder 15 Ikonen leuchten uns im Dunkel entgegen. Gemalt und getrieben, nebeneinander aufgereiht in einer düsteren Wandnische. Mitten im Innenraum steht ein häßlicher Tresorschrank. Nach einigem Bitten schließt German auch ihn auf. Zum Vorschein kommen weitere Ikonen, hintereinander gestapelt wie auf einem Kaufhaus-Wühltisch: der heilige Georg, Christus auf dem Thron, die heilige Maria, Johannes der Täufer, der heilige Kwirike und viele andere Darstellungen, zumeist aus dünnem Gold- und Silberblech herausgearbeitet. Kunstschätze, die hier nach und nach zu verkommen drohen. Bis auf Germans zweimalige »Lüftungen« bleibt die Kirche das ganze Jahr über verschlossen. Nur zu *Litschenichi* wird die Ikone des heiligen Georg herausgeholt, einem Fruchtbarkeitsfest, zu dem einmal im Jahr etwa 1000 Menschen in den einsamen Ort pilgern. Sie beten vor der wundertätigen Ikone, damit der Wunsch nach einem Sohn in Erfüllung gehe. Für jedes männliche Familienmitglied gräbt der Vater auf dem kleinen Platz vor der Kirche einen Birkenstamm ein, an dem eine Fahne hängt. Die Stämme bleiben bis zum nächsten Jahr stehen und werden dann verbrannt. In ihrem Feuer backen die Frauen *Lemsir*, das Sonnengebäck. Um die Ikonen zu erhalten, meint German, reiche es aus, sie nur zu solchen Gelegenheiten herauszuholen. Und solange er lebe, werde das Museum nichts bekommen. Solche Heiligtümer gehörten nicht in Museen, sondern dorthin, wo sie geschaffen wurden und seit Jahrhunderten liegen. Die Überzeugung, die aus seinen Worten spricht, läßt bei uns keine weiteren Gedanken über Sinn und Unsinn derartiger Aufbewahrungsmethoden aufkommen.

In diesen Tagen erhalten wir Einblicke in Schatzkammern, die seit vielen Jahren vor den Augen Fremder verschlossen sind. Immer wieder ähneln sich die Situationen. In den Kirchen finden sich gut erhaltene Fresken, wertvolle Ikonen, Prozessions- und Altarkreuze. Die Heiligtümer Swanetiens lagern in billigen Tresorschränken. Wie wertvoll sind die Kunstschätze wirklich? Welche Arbeiten stammen von den Swanen selbst, und welche sind von den georgischen Machthabern in der Vergangenheit hier versteckt worden? Wie unterscheiden sich die Stilrichtungen?

Unerwartet haben sich uns bislang alle Türen geöffnet. In Uschguli aber, prophezeit man uns, sei es unmöglich, einen Blick auf die Schätze zu werfen. Die dortigen Kirchen seien von Pridon Nisharadse, einem einheimischen Maler, leergeräumt worden, um Plünderungen vorzubeugen. Pridon habe sie so verwahrt, daß niemand sie sehen könne, nicht einmal er selbst.

Uschguli, auf 2200 Meter Höhe am Ende des Inguri-Tals gelegen, ist der höchste Ort Swanetiens und seit dem 6. Jahrhundert v. Chr. besiedelt. Die Dorfbewohner nennen ihn die »Krone des Kaukasus«. Die wenigen Reisenden, die bis hierher vorgedrungen sind, beschreiben ihn als eine der geheimnisvollsten Ecken der Welt. Hier wird Geschichte lebendig. In diesem Wald von Wehrtürmen und alten Häusern fühlt man sich ins Mittelalter versetzt. Früher soll es allein hier 60 Türme gegeben haben, die für Wehrhaftigkeit und Macht standen. Heute sind die imposanten Verteidigungsanlagen, von denen noch etwa 30 erhalten sind, leer. Uschguli galt als unzugänglichster Ort Georgiens und darüber hinaus. Eine Zuflucht für Rebellen und Verfolgte und ein ideales Versteck, um Kunstschätze zu retten. Die Kirchen wurden von mehreren Hütern

Wehrtürme in Adischi

bewacht, Fremde durften noch nicht einmal in Schußnähe kommen.

»Wir sind die einzigen wahren Gladiatoren in Georgien«, erzählt uns Pridon, der gerade von der Heuernte aus den Bergen kommt. »1988 rückten hohe russische Funktionäre an und wollten nach dem Grab der Königin Tamara suchen. Sie zeigten uns offizielle Genehmigungsschreiben, aber wir haben ihnen die Erlaubnis verweigert. Irgendwann sind sie wieder gegangen, nachdem sie ein Loch gegraben und nichts gefunden hatten. Die Schätze, die wir versteckt haben, sind nur ein Bruchteil dessen, was die Swanen selbst hergestellt haben. Der Inguri hat viel Gold gehabt, und unter den Swanen gab es große Meister in der Technik der Treibarbeiten.«

Am Nachmittag geht Pridon mit uns durch das Dorf. »Die Ikonen und Kreuze habe ich dort drüben aufbewahrt.« Er zeigt auf einen großen, alten Steinbau. Wie eine uneinnehmbare Festung steht das Gebäude da, dicht umrahmt von den alten Häusern der Dorfbewohner. Ohne Fenster und mit Eisenstäben vor einer mehrfach verriegelten und verschweißten Tür. »Niemand wird sie zu sehen bekommen«, erklärt Pridon entschieden, »ich habe alles, was in den Kirchen war, dort verwahrt. Lieber vergrabe ich sie, als sie an Museen zu geben.« Ehrfürchtig bleibt er minutenlang schweigend vor dem verschlossenen Eingang stehen.

Wir verbringen mehrere Tage in Uschguli, immer in der Hoffnung, doch noch einen Blick in die größte Schatzkammer Swanetiens werfen zu können. Das ganze Dorf beteiligt sich mittlerweile an der Diskussion. Seit sieben Jahren liegen die Schätze hinter Schloß und Riegel. In politisch unruhigen Zeiten ist die Angst vor Plünderungen groß. Sollen wir überhaupt drängen? Ein zwiespältiges Gefühl, zu sehr in die religiöse Welt der Swanen einzudringen, läßt mich zurückhaltend reagieren. Doch unser Gastgeber beruhigt mich. Es sei nur eine Frage der Zeit, bis die richtigen Fäden zwischen den Sippen gesponnen seien. Nach drei Tagen ist es dann soweit. Das gegenseitige Vertrauen scheint nun groß genug zu sein.

Gespannt und erwartungsvoll stehen die Einwohner Uschgulis im Halbkreis und beobachten Pridon, der mit Hammer und Meißel die Schweißnähte öffnet. Nach einer Stunde ist es geschafft. Die Menschen drängen sich durch die schmale Eisentür. Ein Blick in das Erdgeschoß: Zwei riesige silbergetriebene Altarkreuze hängen an den Wänden. Daneben drei versiegelte Tresore. Ein erleichtertes Raunen geht durch die Menge. Alles scheint noch da zu sein. Dann steigt Pridon über eine finstere Steintreppe in den ersten Stock hoch. Wir folgen ihm und glauben, unseren Augen kaum zu trauen. Ein roter Teppich, Ikonen hinter Glas, Vitrinen mit unterschiedlichsten Gegenständen aus vergangenen Zeiten. Pridon zählt jedes Stück und verkündet: »Alles da!« Die Menschen beten. Das gleiche Zeremoniell im zweiten und dritten Stock. Die Wände hängen voller Ikonen: Jesus auf einem swanischen Holzsessel, die heilige Barbara, der heilige Georg. Ihm begegnet man überall; als Sieger über Kaiser Diokletian, der ihn zum Märtyrer machte, oder im Kampf mit dem Drachen. Dieser Kampf wird mit dem der einheimischen Krieger gegen die erbarmungslosen Eroberer und Machthaber gleichgesetzt. Georg ist der am meisten verehrte Heilige in Swanetien.

Typisch swanische Züge sind an den Ikonen zu erkennen. Sie unterscheiden sich von ihren byzantinischen Vorbildern durch die Freiheit des Ausdrucks und die Gestaltung der inneren Welt des Menschen. Charakteristische Merkmale sind die strengen Gesichter, die seitlichen Nagelornamente und die Nennung des Künstlernamens auf der Ikone.

Wie sind diese Schätze aus kunstwissenschaftlicher Sicht einzuordnen? Die Metallgewinnung und -bearbeitung beginnt in Georgien schon im 4. bis 3. Jahrhundert v. Chr. Wie die Funde in Wani, dem religiösen Zentrum der Kolchis, bestätigen, sind im 1. Jahrhundert v. Chr. Gold und Silber besonders geschätzt. Mit der Einführung des Christentums blüht die Toreutik auf, die Technik der Treibarbeit. Religiöse Themen herrschen vor. Es werden Prozessions- und Altarkreuze, liturgische Fächer, Meßkelche und Ikonen von hohem künstlerischem Niveau angefertigt, in einem komplizierten Verfahren, bei dem das Metallblech von hinten nach vorn getrieben und dann an der Vorderseite zum Relief verarbeitet wird. Man verwendet Gold, Silber, Kupfer und Bronze. Die ersten Werkstätten entstehen in den Kirchen. Auch Swanetien entwickelt sich zu einem bekannten Zentrum. *Lagurka*, das im 10. Jahrhundert erbaute Gotteshaus, gilt als bekannteste Werkstatt. Die Namen der alten Meister kennt man nur noch zum Teil. Gabriel, Assan, Thewdore und Georgi sind einige von ihnen. Zwischen dem 10. und 14. Jahrhundert erreichen die Ausdrucksformen der Kunst ihren Höhepunkt. Es ist die Blütezeit, in der sie gleichrangig neben der sakralen Kunst von Byzanz und Rußland steht. Damals kamen viele der gemalten und getriebenen Ikonen aus Swanetien. Bevor die Ikonen durchweg in Treibarbeit hergestellt wurden, nutzte man diese Technik anfangs dazu, gemalte Bildnisse mit Silber zu verkleiden. Oft lassen sich dadurch Parallelen zwischen Ikonen und Wandmalerei feststellen. Kennzeichnend für swanische Werke ist die manchmal naive Ausdruckskraft. Viele hervorragende Exemplare stehen aber den in griechischem Stil gemalten Ikonen in nichts nach. Ein Beispiel dafür ist die im Museum von Mestia verwahrte Ikone der »vierzig Märtyrer«. In den Kunstwerken Oberswanetiens finden sich viele Beispiele dafür, wie einheimische Maler klassische Modelle abwandeln, vor allem hinsichtlich der Körperformen und der Ausdruckskraft der Augen. Manchmal werden alle Regeln klassischer Ikonentechnik verletzt, indem der Meister

Ikonenwächter

zum Beispiel seinen Namen auf die Ikone schreibt. Die Kunstwissenschaft hat heute von den Werken der späteren Jahrhunderte ein nahezu vollständiges Bild. Man weiß, daß es in Swanetien viele »Schätze« von geringem Wert gibt, mit kaum erkennbarem Stil und in nur mittelmäßiger Ausführung. Sicher ist aber auch, daß zahlreiche hervorragende Arbeiten existieren, teils von den Swanen hergestellt, teils aus anderen Regionen kommend und in der Abgeschiedenheit der Berge versteckt. Die große Zahl der in Swanetien aufbewahrten Kunstschätze läßt sich also nicht nur damit erklären, daß die Bergregion als Versteck genutzt wurde, sondern auch mit der Entwicklung der Malerei und Toreutik im Lande selbst, die in den letzten Jahren wieder einen besonderen Aufschwung erlebt hat.

Für uns Laien zeigen diese künstlerischen Arbeiten eine scheinbar geringe Variationsbreite. Schon deshalb können wir uns ihnen nicht nur mit einer ästhetischen Betrachtungsweise nähern. Vielleicht ist gerade das eine wichtige Voraussetzung, um die Bedeutung der Ikonen für die Swanen zu verstehen. Für sie sind ihre Kunstwerke religiöse, keine künstlerischen Gegenstände. Wenn der Swane an religiösen Festtagen vor den auf den Ikonen dargestellten Heiligen seine Opfer bringt, dann wecken diese Glauben und Verehrung in ihm. Erst hierdurch wird der eigentliche, der unschätzbare Wert dieser Bilder deutlich.

Gebannt von dem Ausmaß der Schätze, verbringen wir mehrere Stunden im Turm. Niemand stellt Fragen, kaum einer redet. Dann folgen wir Pridon aus dem Dunkel des alten Wehrturms wieder ins Freie. Die Tür fällt hinter uns zu, das Schloß wird verriegelt und versiegelt und die Eisentür wieder verschweißt.

## Blutrache und Bandenfluch

Das berühmteste Kunstwerk Swanetiens ist die Schaliani-Ikone, die in der Kirche Lagurka hinter Schloß und Riegel aufbewahrt wird. Ihr kommt eine besondere Bedeutung zu: Swanische Familien, die einander Blutrache geschworen haben, versöhnen sich angesichts der Kreuzigung Christi, die auf dem Meisterwerk abgebildet ist. Als Begleiterscheinung eines strengen Ehrenkodex bei den Swanen spielt die Blutrache im Zusammenleben der Sippen bis heute eine wichtige Rolle, wenn sie auch an Schärfe verloren hat. Sie ist ein Akt der Selbsthilfe, wenn ein Unrecht – wie Ehrverletzung oder die Tötung eines Menschen – vergolten wird. Die Swanen empfinden sie als eine Art sozioreligiöse Pflicht.

Damit die Blutrache nicht zu einer endlosen Kette von Gewalttaten führt, kann die Familie des Opfers einer Mordtat ein Schiedsgericht einberufen – ein Gremium, das sich aus sieben bis zwölf Vermittlern zusammensetzt, die Wiedergutmachungen und Zahlungen in Form von Landgabe oder Tierspenden aushandeln. Auch wenn die staatliche Gerichtsbarkeit Georgiens greift – was in Swanetien nicht immer der Fall ist – und der Übeltäter zu einer Gefängnisstrafe verurteilt wird, beruft man zusätzlich eine Schiedsgerichtsverhandlung der Vermittler nach festgelegten Ritualen ein. Nur so kann es zur Aussöhnung zwischen den erhitzten Gemütern kommen. Bevor das Gremium offiziell ernannt ist, kann die betroffene Familie die Blutrache ausüben. Sobald die Schiedsmänner aber bestimmt sind, laufen die Verhandlungen so lange, bis es zur Versöhnung kommt – ein Verfahren, von dem schon der georgische Dichter Schota Rustaweli im 12. Jahrhundert berichtet. Die Vermittler sollen ehrlich sein und Autorität besitzen, einen guten Ruf haben, objektiv sein und die Sitten und

Bräuche der Swanen kennen. Alle sind gleichberechtigt, und beraten wird so lange, bis ein einstimmiges Urteil gefällt ist.

Nach ihrer Ernennung begeben sich die Schiedsmänner in eine frei wählbare Kirche und schwören, daß sie den Fall sachlich und fair behandeln wollen. In *Lagurka*, vor der Schaliani-Ikone, wiegt der Schwur am meisten. Die Familien von Täter und Opfer legen den Eid ab, daß sie das Urteil der Vermittler annehmen werden, egal, wie es ausgeht. Dann beginnt die Ermittlungsphase. Das »Gericht« recherchiert nach Motiven, Umständen, dem Hergang der Tat und legt die Höhe der Entschädigungen fest. Bis zum Ende der Verhandlungen hat die Familie des Täters den Ort verlassen und ist untergetaucht. Ist das Urteil gesprochen, muß der Mörder bei der Familie seines Opfers um Vergebung bitten. Früher kniete er dabei an der Feuerstelle in der *Matschuba* nieder. Heute kann es irgendein Platz im Haus sein, an dem er die beiden kleinen Finger in Kreuzform als Zeichen der Versöhnung übereinander legt und um Verzeihung bittet. Eine winzige Geste von großer Bedeutung, denn ein Kniefall heißt für einen Swanen, seine Ehre zu verlieren. Einst gab es Urteile, bei denen die betroffene Familie in der Wohnung des Täters die Feuerstelle zerstören durfte, was einer Verbannung aus dem Dorf gleichkam. Erst nach der Verbannung war die restliche Sippe von der Schande der Mordtat befreit. Heute taucht die Familie des Täters von vornherein unter, bis der Spruch des Schiedsgerichts gefällt ist.

Nach dem Kniefall geht der Täter in die Kirche, legt eine Hand auf die Ikone und schwört, daß er das Urteil akzeptiert. Einer der begleitenden Vermittler gibt ihm den Text, den er zu sprechen hat. Nach diesem Eid erfolgt der letzte Akt des Versöhnungsrituals. Der Bruder des Mörders wird von der Familie des Opfers als Adoptivsohn in die Sippe aufgenommen. Dafür muß er symbolisch die Brust der Adoptivmutter küssen.

»Auf dem schmalen Gipfel einer dichtbewaldeten Felsklippe thront romantisch, das Land beherrschend gleich einer tirolischen Ritterburg, ein uraltes Kirchlein. Es ist dem heiligen Kwirike geweiht und erfreut sich in swanetischen Landen des Rufes einer besonders gottbegnadeten Stätte, zu welcher denn auch das Volk der Swanen pilgert, nicht etwa, um zu beten, sondern um Opfer darzubringen und Schmausereien abzuhalten in ihrer Art.« Als Gottfried Merzbacher 1891 *Lagurka* besuchen will, kostet es ihn einige Überredungskünste, bis er von dem zuständigen Priester die Erlaubnis erhält, sich das Innere des Heiligtums anzusehen. Wir suchen zunächst im Dorf Kala nach dem Ikonenwächter, der den Schlüssel verwahrt. Nach einigen Diskussionen über den Grund unseres Besuchs hat Tariel ihn überzeugt.

Durch den heiligen Wald geht es 30 Minuten lang steil aufwärts, bis wir die Felsklippe erreichen, auf der *Lagurka* thront. Von dieser beherrschenden Lage aus schweift der Blick talwärts zu den Fluten des Inguri, über die Türme und Steinhäuser der Dörfer und in weiter Entfernung auf die blitzenden Eisgipfel des Uschba. Jedes Jahr im Sommer ist *Lagurka* Schauplatz eines der größten Ereignisse in Swanetien: der *Quiricoba*, eines Volksfestes, dessen religiöser Charakter inzwischen stark in den Hintergrund getreten ist. Mehrere tausend Menschen pilgern den Berg hinauf, opfern dem heiligen Kwirike, trinken, essen und erinnern sich an ihre Vergangenheit.

Wir betreten einen türlosen kleinen Anbau, in dem es muffig riecht. Auf dem Steinboden dieses Opferraumes steht ein riesiger Kupferkessel, in dem das Fleisch eines geschlachteten Ochsen zubereitet wird. Niemand darf *Lagurka* betreten, bevor er nicht ein Opfer gebracht hat. Frauen haben gar keinen Zutritt. In einem weiteren Anbau hängen Steinbockgeweihe an der Wand; Votivgaben, die den Heiligen dargebracht werden, um sich deren Schutz zu sichern. Auf Bitten des Mannes mit dem Schlüssel entfernen wir uns für einige Minuten

Ein häßlicher Tresor verbirgt die kostbare Ikone des heiligen Kwirike (11. Jh.)

von der Kirche, bis er die Tür von innen geöffnet hat. Niemand dürfe wissen, wo der Geheimgang zum Innenraum sei. *Lagurka* werde grundsätzlich nur von innen über diesen geheimen Weg geöffnet. Der Ikonenwächter ist der einzige im Dorf, der den Geheimweg kennt, und erst in seiner Todesstunde darf er das Geheimnis an seinen Sohn weitergeben. Wir befolgen seine Anordnung. Auch wenn Merzbacher den geheimen Weg ziemlich exakt beschreibt, verzichte ich darauf, ihn hier zu erläutern.

Kurze Zeit später öffnet sich die Tür von innen wie von Geisterhand, und wir treten in den dunklen Raum, der nur durch die schmalen Ritzen der Apsis etwas aufgehellt wird.

Ein unschätzbares Kunstwerk aus getriebenem Silber: Christus auf einem swanischen Sessel

Wieder fallen Steinbockgeweihe ins Auge, die verstaubt in einer Ecke liegen. Der Raum ist nicht größer als zwölf Quadratmeter. In der Mitte steht ein etwa drei Meter hohes Altarkreuz, beschlagen mit vergoldeten, getriebenen und gravierten Silberplatten. Sämtliche Wände sind mit alten Fresken bedeckt, die nur noch teilweise erhalten sind. Sie wurden von dem swanischen Meister Thewdore im 11./12. Jahrhundert gemalt und im 17. Jahrhundert restauriert. Man muß sehr genau hinschauen, um den heiligen Kwirike und seine Mutter Julitta zu entdecken, denen *Lagurka* geweiht ist. ›Kwirike‹ ist die swanische Bezeichnung für den heiligen Quiricus, der als dreijähriges Kind während der diokletianischen Verfolgung zusammen mit seiner Mutter Julitta den Märtyrertod fand. Mehrere Szenen des Martyriums sind auf den Fresken zu sehen, daneben die Geburt Christi, die Taufe und die Kreuzigung.

Am Fuß des Kreuzes sind Ikonen aufgereiht, die auch Merzbacher beschreibt: »Eine Menge Heiligenbilder und anderer Darstellungen auf größeren und kleineren, viereckigen, getriebenen, teils vergoldeten, teils emaillierten Silberplatten stehen am Sockel des Kreuzes umher. Auf einigen sind Ritter in voller Ausrüstung dargestellt, auf anderen Frauen in reichen Gewändern und fast alle tragen Inschriften in altgeorgischer Kirchenschrift.« Wie in nahezu allen Kirchen, zu denen wir Zutritt hatten, steht auch in *Lagurka* ein häßlicher Tresorschrank. Ist hier die berühmte Schaliani-Ikone versteckt? Nach langem Überlegen werden ehrfurchtsvoll das Siegel entfernt und die Schlösser geöffnet. Nun kommen sie zum Vorschein: Ikonen vom heiligen Kwirike, von Jesus, dem heiligen Thewdore und viele andere. Dann, etwas seitlich stehend, ein Vitrinenkasten, in Stoffreste gehüllt. Erst nach mehrmaligem Bitten bekommen wir ihn zu sehen. Vorsichtig wickelt der Ikonenwächter ihn aus. Es ist die Schaliani-Ikone. Eine goldene Platte mit Emaillearbeiten, auf der die Kreuzigung Christi dargestellt ist. Vor dieser Ikone werden die Schwüre und Eide der an der Blutrache beteiligten Familien abgelegt. Erst vor ein paar Wochen haben sich zwei Familien aus Kala vor ihr wieder versöhnt.

Die Ikone stammt aus dem Süden Georgiens und hat bei Kunstexperten einen hervorragenden Ruf. Die Swanen schreiben ihr Wunderwirkungen zu. Niemals darf sie aus der Kirche genommen werden. Den Blicken Fremder blieb sie bislang meist verborgen. Genaue Angaben über ihre Herkunft gibt es nicht. Eine Legende verrät Näheres: Ein Mann namens Schaliani arbeitete bei einem König als Bauer. Der König fragte ihn, ob er das große königliche Feld alleine mähen könne. Schaliani war überzeugt davon und schloß mit ihm eine Wette ab. Wenn er es in einem Tag schaffen sollte, wünschte er sich den wertvollsten Schatz des Herrschers. Wenn nicht, könne dieser ihn köpfen. Schaliani mähte das Feld in einem Tag und verlangte vom König als Entschädigung eine Ikone. Auf dem Weg nach Hause kehrte er bei einem mengrelischen Fürsten ein, mit dessen Frau er die Nacht verbrachte. Dieser war so verärgert darüber, daß er die Ikone verlangte. Als Schaliani, zurück in seiner Heimat, von seinem Erlebnis berichtete, stellten die Swanen eine Truppe zusammen, die dem Fürsten die Ikone wieder entwendete und nach Uschguli brachte. Der Fürst folgte mit seinen Männern bis Uschguli, konnte die Ikone aber nicht finden, da die Swanen sie unter einer gebärenden Frau versteckt hielten. So kam die Ikone ins »freie Swanetien«, nach Uschguli und später in die Kirche *Lagurka*. Seitdem haben die Nachkommen von Schaliani das Recht, *Lagurka* zu betreten, ohne Opfer zu bringen.

Als Merzbacher *Lagurka* verläßt, denkt er schon an die alpinistischen Herausforderungen, die ihn bei der Paßüberquerung und der Besteigung des Elbrus erwarten. Er hofft aber, daß »diese Schätze, welche manches neue Licht auf die Geschichte Swanetiens werfen können, bald einen sachkundigen Beschreiber finden«.

Auch unsere »Schatzsuche« ist beendet. Wir verlassen Uschguli, Kala und Adischi mit gemischten Gefühlen. Der Anblick der Heiligtümer stimmt nachdenklich. Da sind die einen, die Direktoren der Museen und die Kunstwissenschaftler, die die Schätze der Öffentlichkeit zugänglich machen, Kataloge erstellen und Bücher schreiben wollen. Und da sind die anderen, die Einheimischen, die sich bislang erfolgreich der Übergabe ihrer Heiligtümer widersetzt haben, die sie verstecken und verschließen. Je tiefer wir in das Leben und die Kultur der Swanen eingetaucht sind, desto verständlicher wird, daß sie ihre Schätze nicht den Augen Fremder preisgeben wollen. Die Begegnung mit ihnen, dem Alltag und der Religiosität der

Menschen, erweckt eher das Bedürfnis, sie wieder in Ruhe zu lassen, alleine in ihrer ganz eigenen Welt in den Bergen Oberswanetiens.

Für die 30 Kilometer bis Betscho benötigen wir vier Stunden, ein Zeitsprung, mit dem man scheinbar Jahrhunderte hinter sich läßt. Betscho ist das Basislager für die von uns geplante Paßüberschreitung nach Rußland. Wir wohnen bei Marie, einer Kusine von Tariel. Wie in den meisten swanischen Häusern, gibt es auch hier Zimmer für Gäste. Jeder Swane, der hierher kommt, wird als Gast empfangen und bewirtet, als ob er zur Familie gehört. Mit Fremden wie uns verhält es sich anders. Sie werden nur akzeptiert, wenn sie von einem Swanen mitgebracht werden, der einer angesehenen Sippe angehört. »Ein Freund ist der einzige Schutz, den man in Swanetien hat.« Ich erinnere mich an die Worte des deutschen Botschafters in Tiflis. So ist es nicht verwunderlich, daß wir in den vergangenen Wochen ständig Geschichten von Plünderungen und Überfällen gehört haben. Selbst unsere swanischen Gastgeber warnen uns fast täglich, vorsichtig zu sein und bestimmte Strecken nicht oder nur in der Nacht zurückzugelegen. Eine Gruppe von etwa 20 bis 30 Banditen treibe in der Gegend ihr Unwesen. Vor wenigen Tagen erst wurden Reisende völlig ausgeraubt, die allein in der Einsamkeit der Berge gezeltet hatten.

Tariel und Tschabuna kümmern sich rührend um uns und lassen uns nicht aus den Augen, sobald wir das Haus unserer Gastgeber verlassen. Nun aber, da wir uns morgen in aller Frühe auf den Weg über den Mestia-Gletscher Richtung Rußland machen wollen, fahren sie mit Freunden zurück nach Tiflis.

Nach einem herzlichen Abschied treffen wir uns am Nachmittag mit den Trägern, die wir für die Paßüberschreitung angeheuert haben, und besprechen die organisatorische Planung: um fünf Uhr aufstehen, mit den beiden Jeeps zum Ausgangspunkt hinter Mestia fahren, Verteilen der Ausrüstung, zwei Tage Fußmarsch bis zur Paßhöhe, Überschreiten der Grenze bis ins Baksantal, Auszahlen der Träger, die von dort aus zurück nach Mestia gehen. Sie zögern, als sie von unserem Projekt erfahren. Warum muß es der schwierigste Paß sein? Warum nicht der Betscho-Paß, der »nur« 3375 Meter hoch, aber leichter zu begehen ist? Es gebe keine Wege zum Mestia-Paß, und die Gefahr, sich zu verlaufen, sei groß. Außerdem seien zwei Übernachtungen auf dem Gletscher in 3500 Meter Höhe unumgänglich. Die Träger übertreffen einander in Horror-Schilderungen.

Bei ihren Versuchen, uns von den Plänen abzubringen, muß ich an Merzbacher denken, der sich in einer ähnlichen Situation befand. »Die Swaneten haben eine große Abneigung gegen Gletscherwanderungen. Sie malten uns alle Schrecken einer Überschreitung in den glühendsten swanetischen Farben aus; angeblich trauten sie sich nicht einmal den Weg zu finden, und da man für Hin- und Rückmarsch fünf Tage zu rechnen hätte, so müßten sie ihre Forderungen entsprechend hoch stellen.« Finanziell werden wir dagegen schnell einig, und nach mehrstündiger Diskussion finden sich die Swanen mit unserem Vorhaben ab. Wir verabschieden uns bis zum nächsten Morgen.

Ich liege noch immer im Schlafsack. Draußen ist es ruhig geworden; Schüsse sind nicht mehr zu hören. Mit zittrigen Knien stehen wir auf und machen Licht, um nachzusehen, was passiert ist. Von den Jeeps keine Spur. Sie standen höchstens drei Meter vom Schlafraum entfernt. Trotzdem hat niemand gehört, wie sie lautlos vom Grundstück gerollt wurden. Die Schüsse dienten wahrscheinlich nur der Warnung, damit wir nicht folgen würden. Ein Großteil der Filmausrüstung und des Privatgepäcks ist verschwunden, natürlich auch die beiden Fahrzeuge. Nur weil der frühe Treffpunkt vereinbart war, hatten wir sie ausnahmsweise am Abend zuvor beladen. Marie, unsere Gastgeberin und eine angesehene Frau in Betscho, ist betroffen und erschüttert. Noch nie ist auf ihrem Grundstück so etwas passiert. Kaum ist es hell, da geht sie in Trauerkleidung zur Kirche. Sie werde nun einen Fluch auf die Täter aussprechen, erfahren wir von ihrem Sohn. Dann taucht sie bis zum Nachmittag nicht mehr zu Hause auf, besucht fast jede Familie in Betscho, um etwas über die Diebe in Erfahrung zu bringen. Wir nutzen die Zeit bis zum Abend, um neue Pläne zu machen. Doch es scheint eine ausweglose Situation zu sein. Das Ende der Dreharbeiten.

Am späten Abend hupt es plötzlich draußen. Wir stürzen aus der Tür, denn außer unseren Jeeps gibt es in ganz Betscho kein einziges funktionstüchtiges Auto. Zwei freundlich lachende Swanen kommen in den Hof gefahren. Die Diebe stellen sich freiwillig? Auf den Jeeps ist das Gepäck genauso verstaut wie am Vorabend. Nichts scheint zu fehlen. Nur die Benzintanks sind leer. Keine Entschuldigung, keine Erklärung, wir erfahren nichts. Sie steigen aus, die Kalaschnikows in der einen und den *Rachi* in der anderen Hand. Wir trinken Schnaps, lachen und freuen uns mit ihnen, als ob nichts gewesen wäre, und dann gehen sie wieder. Sehen wir die Ausrüstung nur deshalb wieder, weil kein Swane in Betscho mit einem Fluch von Marie leben kann?

## Der König der Geister

Schon zwei Tage Zeitverzug, und dann die nächste Hiobsbotschaft: Die Träger weigern sich mitzugehen. Angeblich ist jeder Paß von russischem Militär besetzt, und sie haben Angst, den Soldaten zu begegnen. Ein Funker oben im Ort habe die Nachricht empfangen. Wir versuchen sie zu beruhigen, bieten ihnen an, einen anderen, leichteren Paß zu nehmen. Ohne Erfolg. Die nächsten Tage sitzen wir an der Funkstation fest. Doch es bleibt dabei: Das russische Militär weigert sich aus unerklärlichen Gründen, uns über den Paß zu lassen. Das Risiko, einfach loszugehen, wollen die Träger, auf die wir angewiesen sind, nicht auf sich nehmen. Unsere einzige Chance, um doch noch nach Rußland zu kommen und den Elbrus, den »König der Geister«, zu besteigen, ist zeitaufwendig und riskant: mit dem Auto zurück nach Tiflis, von dort über die Georgische Heerstraße nach Norden und durch Ossetien bis nach Kabardino-Balkarien ins Elbrusgebiet. Bei der unsicheren politischen Situation, die derzeit auf der russischen Seite herrscht, nicht gerade eine beruhigende Vorstellung. Eine Drehgenehmigung haben wir ebensowenig wie gültige Visa für die neue Route ins Unbekannte.

Am nächsten Tag verlassen wir Swanetien, enttäuscht, nicht wie Merzbacher zu Fuß nach Rußland gehen zu können. Hat man uns die Wahrheit erzählt? Haben die Träger aus Angst vor den körperlichen Strapazen und dem spaltenreichen Gletscher ein taktisches Spiel gespielt? Fest steht, daß die Überschreitung ohne sie unmöglich ist. Allein die Filmausrüstung wiegt 200 Kilo.

Auf dem alten Handelsweg, der den Orient mit dem Norden verband, verläuft die Georgische Heerstraße; eine Karawanenroute und die einzige Möglichkeit, den Großen Kaukasus zu passieren; daher von großer strategischer Bedeutung. Etwa 100 Kilometer hinter Tiflis erreicht man eine schwindelerregende Serpentinenstrecke, die über den 2157 Meter hohen Kreuzpaß führt. Dahinter beginnen die verkehrstechnisch riskantesten Abschnitte mit den im Winter lawinengefährdeten Schluchten Baidara und Darjal. Schmale, aus dem Fels geschlagene Trassen wechseln mit riesigen Geröllfeldern im Tal bis zur russischen Grenze. Dann geht es durch Nord-Ossetien über Wladikawkas und Naltschik nach Kabardino-Balkarien. Die Fahrt ist mindestens so abenteuerlich, wie es die Gletscherüberquerung gewesen wäre. Zwischen Tiflis und der russischen Grenze werden wir zwölfmal angehalten. In Rußland aber, auf der Strecke bis Terskol, dem Ziel unserer Fahrt, ganze siebenundzwanzigmal. 200 Kilometer in 22 Stunden. Militärkontrollen, Bestechungen, Visakontrollen, Wartezeiten, Erpressungsversuche, Drohungen. Die Nerven sind bis zum Zerreißen gespannt. Am frühen Morgen dann am Ziel, um 400 Dollar ärmer und nervlich am Ende. Dabei sind wir »nur« auf der anderen Bergseite von Swanetien.

Kabardino-Balkarien liegt am Nordhang des Großen Kaukasus. Fast eine halbe Million Menschen leben in der kleinen Republik, die zum russischen Staatsverband gehört. Kabardiner und Balkaren zählen zu den tscherkessischen Völkern und sind, außer einer kleinen christlichen Minderheit, sunnitische Muslime, deren Islamisierung im 15./16. Jahrhundert durch die Osmanen und den Einfluß der Krimtataren erfolgte. Als Hitlers Soldaten 1942 den nördlichen Kaukasus besetzten, waren hauptsächlich sie es, gemeinsam mit anderen Volksgruppen, die sich den Invasoren anschlossen. Damit zogen sie den Zorn Stalins auf sich, der nach der Vernichtung der deutschen Armee mit der gewaltsamen Deportation aller Kollaborateure begann. Erst 1957 wurden die Verbannten von Chruschtschow rehabilitiert und durften in ihre angestammten Siedlungsgebiete zurückkehren.

Als Gottfried Merzbacher auf seinem Weg zum Elbrus den Mestia-Paß überquerte und im Baksantal das Gebiet der Karbardiner erreicht, ist er überrascht von den neuen Eindrücken, die in seinen Augen in krassem Gegensatz zu den swanetischen stehen. »Äußeres wie Inneres der Häuser machen einen düsteren, höhlenartigen Eindruck. Um so mehr überrascht den Reisenden das reinliche und frische Aussehen der Bewohner, besonders wenn man aus Swanetien kommt. Wie man, in derartigen Löchern lebend, so viel natürliche Heiterkeit bewahren kann, scheint unbegreiflich. Sitten und Umgangsformen der Kabardiner gelten als die feinsten aller kaukasischen Völker und sind, ebenso wie ihre Art sich zu kleiden, die Pferde zu satteln etc., vorbildlich für die meisten anderen Bewohner des Kaukasus. Für den aus Swanetien kommenden Reisenden ist der Gegensatz, wie er sich im Gesamtcharakter des Landes und seiner Bewohner ausspricht, ein gewaltiger und könnte kaum schärfer gedacht werden.«

Für uns, die wir seit der Grenzüberschreitung nach Rußland auf der nordkaukasischen Seite nichts als Ärger haben und uns sehr viel weniger sicher als in Swanetien fühlen, sind Merzbachers Erlebnisse schwer nachvollziehbar. Die wirtschaftliche Situation ist beklemmend. Das einzige, was man für ein paar Rubel erstehen kann, sind Brot und Zigaretten. Die Dörfer wirken wie ausgestorben. Entlang der Straße verfallene Häuser, Müllhalden, Schrotthaufen. Alle paar Kilometer Militärkontrollen. Welch ein Anachronismus in dieser herrlichen Landschaft! Davon, daß wir uns in einem der bekanntesten Zentren russischer Alpinisten bewegen, ist nichts zu merken, obwohl es August ist, die beste Zeit für Bergsteiger.

Auf der imposanten Straße durch die Baksan-Schlucht kann man sich vorstellen, wie es hier einmal ausgesehen hat, als sich der Tourismus in vollen Zügen entwickelte. Der einzige deutschsprachige ›Tourenführer Kaukasus‹, der erst vor vier Jahren erschienen ist, müßte schon wieder komplett überarbeitet werden. Da ist von gewaltigen Touristikkomplexen, von schönsten Verkaufseinrichtungen und Sportanlagen die Rede. Nichts dergleichen treffen wir an. Nur einige kleinere Unterkünfte, Überbleibsel aus kommunistischen Zeiten, in denen hohe russische Funktionäre ihren Sommerurlaub verbrachten – Einrichtungen, die heute von der Mafia regiert werden. Grundlage der Preise, die wir hier zahlen, ist einzig und allein taktisches Verhandlungsgeschick. Die Situation ist unüberschaubar. Seit unserem Grenzübertritt von georgischer auf russische Seite ist die Angst ein ständiger Begleiter. Doch ohne Angst lebt kein Grenzgänger lange.

»Eingeschüchtert wie Kinder baten uns die Träger beim Anblick des Elbrus, wir möchten von unserem Beginnen lassen und umkehren. Man dürfe sich diesem Berg nicht nahen, denn die erzürnten Geister seien dagegen und würden uns alle zu Grunde richten«, erzählt Merzbacher 1891.

Zu seiner Zeit gilt der Elbrus den kaukasischen Völkern als unbesteigbar und heilig. »König der Geister«, »Thron der Götter«, »Heilige Höhe«, »Ort der Glückseligen« nennen sie ihn – Bezeichnungen, die erahnen lassen, wie viele Sagen und Legenden sich um ihn ranken. Die Bergvölker schreiben ihm übernatürliche Kräfte zu und bevölkern ihn mit guten oder bösen Geistern. Da der Elbrus dem Himmel am nächsten ist, gilt er als Verbindung zwischen diesem und der Erde. Er ist mit Eis und Schnee gepanzert und deshalb für den Menschen unzugänglich. In den wilden Wolkenbildungen sieht man die Geister, die Segen oder Verwüstung spenden.

Nach den Sagen der christlichen Kaukasusvölker landete die Arche Noah zuerst auf dem Elbrus. Als der Gipfel die Last nicht länger tragen wollte, neigte er sein Haupt, und die Arche glitt herab, so daß sich Noah samt seiner Tiersammlung dem Ararat im Kleinen Kaukasus zuwandte. Nach den Legenden der Abchasen ist im Innern des Berges ein Mann gefangen, der erst dann seine Freiheit erlangen wird, wenn die Menschheit in ihrer Sündhaftigkeit zugrunde gegangen ist. Ihm wird dann die Pflicht obliegen, die Welt wieder zu bevölkern. Nähert man sich dem Berg, sagen sie, so hört man die Ketten des Gefangenen klirren. Auf dem Elbrus soll auch ein göttlicher Vogel leben, *Simurg*, der mit dem einen Auge in die Vergangenheit und mit dem anderen in die Zukunft schauen kann. Sein Flügelschlag erzeugt Sturm, beim Schall seiner schrecklichen Stimme verstummen alle Geschöpfe und der Berg umhüllt sich mit Wolkenschleiern. Läßt der Vogel aber süße Laute ertönen, dann strahlt die Sonne am blauen Himmel.

Solche Sagen und Legenden verleihen dem Elbrus bei den

einheimischen Völkern den Ruf, für Sterbliche unnahbar zu sein. So blieb es den Fremden vorbehalten, ihn erstmals zu besteigen; den Engländern Freshfield, Moore und Tucker 1868; – 40 Jahre, nachdem der erste Gipfelvorstoß erfolglos unternommen worden war.

Der weiße Schneedom des Elbrus, das Wahrzeichen des Kaukasus, leuchtet weit hinaus bis auf die russische Steppe und das Schwarze Meer. Er erhebt sich als gewaltiger Eisriese über den umliegenden Schluchten und Gebirgsketten und überragt mit seinen beiden 5621 Meter und 5633 Meter hohen Gipfeln alle anderen Berge des Kaukasus. Der Gipfelpunkt dieses vulkanischen Massivs befindet sich am südlichen Rand des noch erhaltenen Vulkankraters, der einen Durchmesser von 250 Metern hat. Der Eispanzer des Elbrus hat eine Fläche von 145 Quadratkilometern. Etwa 70 Gletscher fließen von seinen Hängen talwärts.

Wer zum erstenmal an seinem Fuß steht, ist von den gewaltigen Ausmaßen der Schnee- und Geltscherfelder fasziniert. An manchen Stellen ist das Eis mehrere hundert Meter dick. In Bergsteigerkreisen wird er deshalb »Kleine Antarktis« genannt. Die Schwierigkeiten beim Aufstieg werden meistens unterschätzt, weil die technische Anforderung gering ist. Trotzdem scheitern mehr als die Hälfte der Versuche, den Gipfel zu bezwingen. Die plötzlichen Wetterumschwünge sind ebenso gefürchtet wie die riesigen Gletscherspalten und die Länge des Aufstiegs. Die größten Probleme aber macht auch trainierten Alpinisten die Höhenkrankheit. Durch die hohe Luftfeuchtigkeit nahe dem Schwarzen Meer braucht man für die Akklimatisierung länger als bei ähnlich hohen Gipfeln in anderen Regionen.

Diese Erfahrung müssen auch Merzbacher und sein Freund Purtscheller machen. Beim ersten Anlauf scheitern sie. Dann, beim zweiten Versuch, verlassen sie um ein Uhr morgens das letzte Lager. »Da tauchte endlich die symmetrisch geformte Eispyramide des Elbrusgipfels im dämmerigen Zwielicht auf. Welches Schauspiel muß diese Landschaft einst geboten haben, als an jener Stelle, wo heute nur Eis und Schnee ist, feurig flüssige Massen, Rauch und Gase gegen den weiten Himmelsraum geschleudert wurden?« Kälte und Wind machen ihnen zu schaffen. Nach sechs Stunden erreichen sie bei minus 20 Grad die Sattelhöhe auf 5268 Meter. »Der Sturm verschlang den Ton menschlicher Stimmen, und nur durch Gebärden kamen wir überein, trotz alledem dem Gipfel hinüber zu streben.« Nachdem sie die letzte, 40 Meter hohe Schneewand bezwungen haben, erreichen die beiden, nach mehr als achtstündigem Aufstieg, am Ende ihrer Kräfte, das kleine Gipfelplateau. »Die bösen Geister der Höhen suchten uns um den Siegespreis zu bringen. Entfesselte Furien der Luft umkreisten das erhabene Bollwerk, als sollte es jeden Augenblick in Trümmer zerfallen. Nie war ich Zeuge entsetzlicherer Wut einer aufgeregten Natur, heftigeren Kampfes entfesselter Elemente.«

Auch wir verlassen morgens um ein Uhr die Hütte »Prijut I« auf 4200 Meter und stellen uns den Launen der Natur. Nur die innere Einstellung wird uns auf den Gipfel bringen, weder Kondition noch Wissen allein können uns helfen. Mit Stirnlampen, Pickel und Steigeisen bahnen wir uns einen Weg über die riesigen Gletscherfelder. Niemand redet, jeder ist mit sich beschäftigt. Bis zu unserer Rückkehr liegen mindestens 14 Stunden vor uns, inklusive Dreharbeiten. Es herrscht Windstille bei minus 15 Grad. Wir sind untereinander am Seil gesichert, versuchen sparsam mit den Kräften umzugehen, gleichmäßig zu atmen und regelmäßig Pausen einzulegen.

Um drei Uhr erreichen wir die Pastuchow-Felsen auf 4700 Meter. Hier liegt der deutsche Soldat aus dem Zweiten Weltkrieg im Eis, den schon mehrere Bergsteiger gesehen haben wollen. Jetzt, um drei Uhr morgens, ist es zu dunkel. Vielleicht auf dem Rückweg. Die Luft wird immer dünner, der Atem schwerer, die Schritte langsamer. Stundenlang keuchen wir, den Blick starr nach vorne gerichtet, durch die dunkle Eiswüste. Dann endlich wird es hell. Ein unbeschreibliches Wolkenspiel mit rötlichen, orangegelben und bläulichen Lichtern. Trügerische Lichtspiele, die den Eindruck erwecken, als seien wir dem Gipfel schon ganz nahe; dabei sind es noch Kilometer.

Kameramann Sepp hat die schwierigste Aufgabe von allen. Mit der Kamera in der Hand vorauseilen, warten, hinterherlaufen, uns dabei filmen und wieder vorauseilen. Eine körperliche Tortur in der dünnen Luft auf 5000 Meter, in der uns schon bei gleichbleibendem Gehrhythmus auf den steiler werdenden Gletscherfeldern die Reserven langsam ausgehen. Der Schnee wird wärmer und erhöht das Risiko, in diesem zerklüfteten Labyrinth in eine Spalte zu stürzen. Wind kommt auf, und die Sonne wärmt die Luft kaum. Nach sechs Stunden endlich der Sattel auf 5268 Meter Höhe. Ich gebe auf. Der pulvrige, tiefe Schnee der zurückliegenden Stunden hat die letzten Kräfte aufgezehrt. Die anderen nehmen die verbleibenden 350 Höhenmeter zum Gipfel ohne mich in Angriff. Zwei Stunden später der erhoffte Funkspruch des Kameramanns: »Wir sind oben!«

Erinnerungen an das Jahr 1891: »Wir blickten hinab auf die Länder Asiens und Europas, zwischen welchen dieses gigantische Grenzmal – wiewohl von der zünftigen Wissenschaft als solches nicht anerkannt – fest und unerschütterlich zum Himmel ragt«, notiert Merzbacher auf dem Gipfel. Ihm bietet sich eine umfassende Rundschau über das kaukasische Gebirgsland. »Dergleichen wird menschliche Ausdrucksfähigkeit niemals auch nur annähernd zu schildern vermögen, und im Gefühle meiner Ohnmacht fange ich lieber gar nicht an.«

Schon der Erstbesteiger Freshfield hat die Elbrus-Aussicht als die schönste im Vergleich zu allen Alpengipfeln beschrieben. Was Merzbacher in der kurzen Zeit, die er auf dem »Thron der Götter« verbringt, aber am meisten beschäftigt, ist die Frage, ob er auf dem höchsten Gipfel Europas oder auf einer, im Vergleich zu den konkurrierenden Bergen, mittleren Anhöhe Asiens steht. Eine exakte Antwort auf diese Frage ist 1891 ebensowenig zu geben wie heute. Als konventionelle Grenze gilt seit dem 18. Jahrhundert der Gebirgszug des Ural mit seiner südlichen Fortsetzung bis zum Kaspischen Meer, der westlichen Ausdehnung entlang der Manytsch-Niederung bis zum Schwarzen Meer. Nach dieser Definition liegt der Kaukasus in Asien.

»Die russische Geographie, welche in der Sache am unmittelbarsten beteiligt ist, weicht der Entscheidung aus und zählt die kaukasischen Länder weder zu Asien noch zu Europa«, erläutert Merzbacher. So sieht es die russische Geographie auch heute noch. Die Grenze ist nicht eindeutig festgelegt. Je nachdem, ob das Problem geographisch, ethnographisch, geologisch, politisch oder kulturell betrachtet wird, müßten die Grenzen unterschiedlich gezogen werden. Sicher hat die Grenze auch durch die politische Entwicklung nach dem Ende der Sowjetunion an Bedeutung verloren. Ihrer Geschichte und Kultur nach sind die kaukasischen Völker, und hier insbesondere Georgien, sowohl westlich als auch orientalisch beeinflußt. Völker aus allen Himmelsrichtungen haben sich dort angesiedelt. Egal, wo man die Grenze zieht, gegen jede Auffassung kann zu Recht Einspruch erhoben werden. Für die Völker im Kaukasus löst sich das Problem einfacher als für die Wissenschaft. Sie sehen sich als Kaukasier. Damit ist die Frage wohl eindeutig beantwortet.

Merzbacher hat sein Ziel erreicht. Seine Expedition ins Unbekannte ist geglückt. Zwei Jahre reist er »im Dienste der Wissenschaft« durch weitgehend unerforschte Regionen des Kaukasus, sammelt Eindrücke und Informationen in einer Vielfalt wie keiner vor ihm. Die Besteigung des »Königs der Geister« ist der Höhepunkt, und am Ende hofft er: »Es bleibt mir noch übrig, den deutschen Bergfreund einzuladen, mich im Geiste auf meiner geschilderten Reise zu begleiten. Wenn es geglückt sein sollte, vor allem den noch unerschlossenen Teilen des Kaukasus neue Bewunderer und unternehmungslustige Bahnbrecher zuzuführen, ist meine Mühewaltung nicht umsonst gewesen.« Mit seiner Expedition hat er maßgeblich zur Erforschung des Kaukasus beigetragen, vor allem hinsichtlich der geographischen Beobachtungen und der »Merzbacher-Karten«. Inwieweit die Beschreibung seiner Begegnungen mit den Menschen, insbesondere der Swanen, der weiteren Forschung genutzt hat, sei dahingestellt. Der in seinen Ausführungen immer wieder deutlich hervortretende koloniale Zeitgeist droht den Wert manch interessanter Information über Alltag und Kultur der Swanen zuweilen zu verdecken.

Vor dem Abstieg vom Gipfel des Elbrus fällt der Blick über die georgisch-russische Grenze auf den Uschba, das Wahrzeichen Swanetiens mit seinen bis zu 70 Grad steilen Eishängen und dem Doppelgipfel, der einem Weisheitszahn gleicht. Der »Herrscher Swanetiens«, wie die Einheimischen ihn nennen. Deutlich sind die Paßübergänge zu erkennen, vielleicht 30 Kilometer Luftlinie entfernt. Eine einzigartige Gletscherwelt, hinter der die Swanen wie in einem Versteck leben. Was bleibt uns von Swanetien? Zufriedenheit darüber, daß wir die Swanen kennenlernen durften, aber auch eine gewisse Erleichterung, daß sie nun wieder unter sich sind. Sie haben uns einen Teil ihrer Geheimnisse offenbart, uns zu Mitwissern gemacht, und doch kann keine Filmkamera das wahre Bild dieses kleinen Bergvolkes einfangen. Die Wirklichkeit bleibt im verborgenen. Swanetien versinkt hinter einem Nebel aus ferner, rätselhafter Vorzeit.

Und während der Blick hinüber zum Uschba schweift, höre ich noch einmal die schweren Riegel der Kirchentüren zufallen, hinter denen Schätze aus vielen Jahrhunderten dahindämmern: Gletscher-Gold.

Martin Papirowski
Luise Wagner

# Draculas Schatten

## Fahndung im Reich der Finsternis

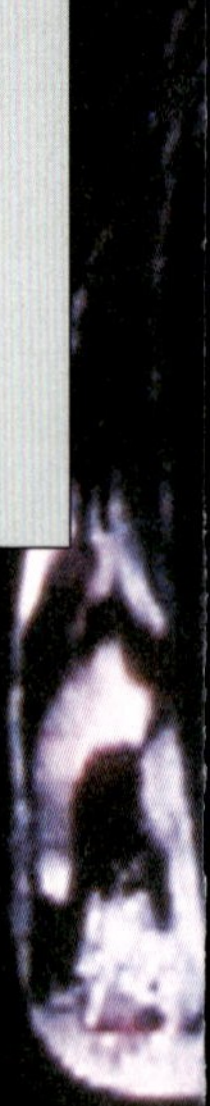

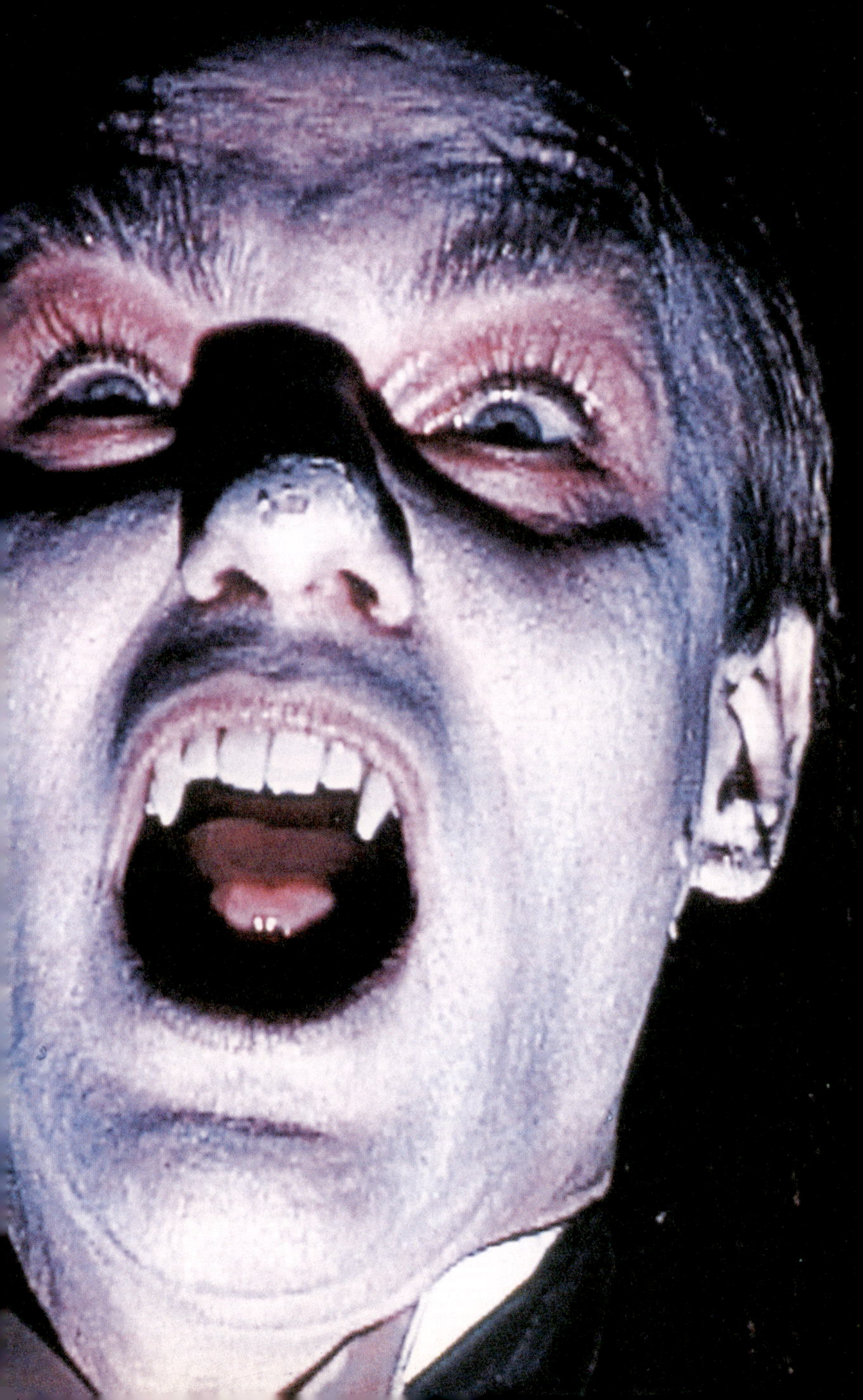

*Was so unverstanden geblieben ist, das kommt wieder.*
*Es ruht nicht, wie ein unerlöster Geist, bis es zur Lösung und Erlösung gekommen ist.*
Sigmund Freud

## Die Geburt der Vampire

In einer Frühlingsnacht des Jahres 1725 kommt es zu einer rätselhaften Begegnung. Erstmals nach zehn Wochen besucht Peter Plogojowiz seine verlassene Frau, verlangt seine Schuhe. Die Frau gerät in Panik – denn ihr Mann ist ein Toter, bestattet auf dem Friedhof des serbischen Dorfes Kisolova.

Neun Männer und Weibspersonen, junge und alte, werden in den folgenden acht Tagen im Schlaf von dem seltsamen Wanderer heimgesucht. Er legt sich auf sie, drückt ihren Hals, saugt ihnen begierig das Blut aus den Leibern – kaum ein Tag bleibt den Ausgezehrten zum Sterben. Sie sind Opfer eines toten Mörders. Das ganze Dorf könnte von dem Blutsauger ausgerottet werden, fürchten die Leute, und sie zwingen die zuständigen Behörden, das verdächtige Grab zu öffnen.

Der österreichische Staatsapotheker Frombald, der zu jener Zeit in dem serbischen Grenzdistrikt tätig ist, überwacht die Leichenschau und protokolliert, daß von dem Körper kein Verwesungsgeruch ausging, der Leichnam »ausser der Nasen, welche etwas abgefallen, gantz frisch« war, »Haar und Bart, ja auch die Nägel an ihme gewachsen«, die alte Haut sich abschälte und sich eine neue darunter bildete. »Das Gesicht, die Hände und Füsse, und der gantze Leib waren beschaffen, daß sie in seinen Lebzeiten nicht hätten vollkommener seyn können«, notiert Frombald. Nicht ohne Erstaunen habe er im Mund des Untoten hellrotes Blut erblickt, »welches, der gemeinen Aussage nach, er von denen, durch ihme umgebrachte, gesogen«. Und als der Pöbel immer ergrimmter wurde, habe man »in schneller Eil einen Pfeil gespitzet« und dem blutrünstigen Mörder das Herz durchstochen. Bei dem Gepfählten sei dann nicht nur frisches Blut aus Ohren, Mund und Nase geflossen. Erst recht das »wilde Zeichen« (der Penis in voller Erektion) des Peter Plogojowiz habe den Zorn der selbsternannten Richter geschürt. Der geschundene Leichnam wird zu Asche verbrannt.

Beamte der Hofkammer spielen den bluttriefenden Bericht des kaiserlichen Provisors Frombald dem *Wiener Diarium* zu. Und schon am 21. Juli 1725 entsetzen die Schlagzeilen von jenen blutsaugenden Toten, »so sie vampyri nennen«, erstmals die österreichische Öffentlichkeit. Die Welt der Gelehrten wird hingegen erst sieben Jahre später Notiz von dem rätselhaften Sterben nehmen, das in den Garnisonsdörfern der Walachen, Rätzen und Heyducken an der Grenze der K. und K.-Monarchie zum Osmanischen Reich grassiert.

In Medwegya an der Morava wütet 1731 eine Epidemie, die in sechs Wochen 13 Opfer dahinrafft: Dort treiben die Vampirfrauen Miliza und Stana ihr Unwesen. Sofort wird der österreichische Amtsarzt Glaser in das Gebiet entsandt, um den merkwürdigen Seuchenpfad zu ergründen. Er bestätigt die aus Kisolova bekannten Symptome: Schreie, heftiges Zittern, Angst, höllisches Stechen in der Brust – und endlich der Alptraum, der das Bild des wiederkehrenden Toten mit sich bringt. Der Puls wird schwächer, unstillbarer Durst plagt die Sterbenden, an Brust und Unterleib zeigen sich blaurote Flecken. Im Delirium fürchten die Opfer, nach ihrem Tod selbst zu Vampiren zu werden.

Das Sterben werde nicht aufhören, beharren die Dorfbewohner, bis die Exekution der angeklagten Vampire vollstreckt sei. Um einer kollektiven Auswanderung vorzubeugen, läßt Glaser das Grab der Vampirin Miliza sieben Wochen nach ihrem Tod öffnen. Sie wird für besonders gefährlich gehalten, weil sie zu Lebzeiten das Fleisch von zwei toten Schafen verzehrt hatte, die Vampiren anheimgefallen waren. Seit ihrer Kindheit war sie stets dürr gewesen, um so mehr verwundert ihr ausgegrabener Leichnam durch seine Fülle und einen rosigen Teint.

Nicht weniger verdächtig ist die Vampirin Stana, die wie Miliza in der Türkei geboren wurde. Sie hatte ihren Nachbarn vor ihrem Ableben erzählt, daß sie sich zum Schutz vor der Plage mit dem Blut eines Vampirs bestrichen habe, wie es in ihrer Heimat – der Brutstätte der Blutsauger – üblich war. Auch Stana zeigte bei ihrer Exhumierung eine lebhafte Farbe und schien unverwest.

Glasers Bericht wird an das Belgrader Oberkommando der kaiserlichen Armee weitergeleitet, das eine gründliche Untersuchung der Fälle durch den Regimentsmediziner Johann Flückinger anordnet. Er versucht als erster, den Übertragungswegen der Seuche auf die Spur zu kommen. Detektivisch ermittelt er den vermeintlichen Urheber der Epidemie, den Heyducken Arnont Paule, der sich fünf Jahre zuvor beim Sturz von einem Heuwagen den Hals gebrochen hatte. Zu Lebzeiten hatte auch Paule öfters verlauten lassen, daß er im »Türckischen Servien von einem Vampyren geplaget worden sei, dahero er von der Erden des Vampyrgrabs gegessen, und sich mit dessen Blut geschmieret habe, um von der erlittenen Plag entledigt zu sein«. Nach seinem Tod sei Paule durch das Dorf gegeistert, habe dem Vieh das Blut ausgesaugt und vier Menschen umgebracht, bringt Flückinger in Erfahrung. 40 Tage nach seinem Tod habe man ihn ausgegraben und gepfählt, wobei er vernehmlich geächzt habe. Und weil die Leute das von Paule getötete Vieh gegessen hätten, schlußfolgert Flückinger in seinem Bericht, müßten sich »wiederum Personen im Vampirstande« befinden. Zehn von 16 Leichen, die der Medicus daraufhin obduzieren läßt, offenbaren tatsächlich Zeichen von Unverwesbarkeit.

Indessen hat der Seuchenarzt Glaser eine Abschrift seines Protokolls an das *Collegium Sanitatis* in Wien gesandt. Einen Monat später informiert er auch seinen Vater, den deutschen Mediziner Johann Friedrich Glaser, der die Geschehnisse als Wiener Korrespondent des *Commercium Litterarium* aufgreift. In seiner Ausgabe vom 12. März 1732 sorgt das Nürnberger Journal mit einem Bericht über die serbischen Vorfälle für Aufregung unter den Gelehrten. Anfragen zu diesem Phänomen erreichen die Leipziger Universität. Dissertationen werden in Auftrag gegeben. Die blutsaugenden Toten ziehen die Mitglieder der Altdorfer *Academia Naturae Curiosum* in ihren Bann. Redakteure des *Commercium* enthüllen ständig neue Epidemien.

Mit Schrecken muß die Fachwelt erkennen, daß der Schatten des Vampirs immer mehr Regionen in ganz Südosteuropa verdunkelt. In dem walachischen Dorf Merul sollen vom November 1717 bis zum April des folgenden Jahres über 80

Öffnung des Grabes von Peter Plogojowiz

Menschen von Wiedergängern infiziert worden sein. In Kapnick, einem Ort an der Grenze zu Siebenbürgen, wird 1753 die Blutsaugerin Dorothea Pihsin auf dem Scheiterhaufen verbrannt. Sie habe 129 Tage unter der Erde gelegen, berichten die zuständigen Inspektoren, und das Leinentuch, mit dem der Körper eingewickelt war, sei um den Hals mit frischem Blut gefärbt gewesen. Nach dieser Exekution habe das Sterben in Kapnick ein Ende genommen.

Anekdoten über Blutsauger aus früheren Epochen kursieren im polnischen Königreich: Eine Krakauer Vampirin soll bereits 1624, blutgetränkt im Sarg lauernd, etliche Leute in den Tod gerissen haben. Unverweste Menschenleichen sollen Mund, Zunge und Augen bewegt, Leichentücher verschlungen und ihren eigenen Körper angefressen haben. »Bisweilen ist auch Kunde davon gekommen, daß eine derartige Leiche aus dem Grabe aufstand, über Kreuzwege und Häuser wandelte, sich bald dem, bald jenem zeigte, auch manche anfiel, um sie zu erwürgen«, berichtet der polnische Pater Gabriel Rzaczynski 1721 in seiner *Historia Naturalis Curiosa Regni Poloniae*.

In Polen ist nicht die Militäradministration, sondern die Kurie für die Vampiraffären zuständig. Wer nicht an die Blutsauger glaubt, wird sogar als Ketzer angesehen. Lokale Würdenträger schüren die Angst vor den Untoten und sind bestrebt, sich die Vampirexekutionen durch Papst Benedikt XIV. und die Theologen der Pariser Sorbonne legitimieren zu lassen. »Die Bischöfe und die Priesterschaft des Landes begehrten in Rom darüber Rat; erhielten aber keine Antwort, weil man die Sache dort vermutlich für unglaublich und für bloße Einbildung hielt«, überliefert Carl Ferdinand Freiherr von Schertz, bischöflicher Rat von Olmütz, in seiner *Magia Posthuma*.

Später werden die Pfählungen jedoch sowohl von den Doktoren der Sorbonne als auch von Papst Benedikt mißbilligt. »Es ist zweifellos die große Freiheit Polens, die euch das

Recht gibt, nach eurem Hinscheiden spazieren zu gehen«, amüsierte sich der Papst. »Hier, ich bekenne es, sind unsere Toten ebenso ruhig wie schweigsam.« In dem mährischen Dorf Bärn tobt der Vampirismus 76 Jahre lang, von 1662 bis 1738. Die Vampirin Anna Heintzin sei etliche Tage nach ihrem Begräbnis durchs Dorf geirrt und habe über alle Maßen gehaust, heißt es im Sterberegister von Bärn. Der untote Friedrich Helfert, der sich als merklich beleibter als zu Lebzeiten erwies, habe nach seinem Ableben gemeinsam mit dem Blutsauger Christian Philip gespukt, weshalb der Henker ihnen den Kopf abgeschlagen habe.

Gegen Ende der ersten Schlesischen Kriege sorgen die überbordenden Vampirexekutionen der Olmützer Bischöfe für einen politischen Skandal. Am 30. Januar 1755 erreicht die Nachricht von der Hinrichtung der Vampirin Rosa Polakin den Wiener Hof. Und nun erst kommt ans Licht, daß die Geistlichen 1731 sogar sieben Kinderleichen verbrennen ließen, die angeblich den Keim des Vampirismus in sich trugen. Kaiserin Maria Theresia maßregelt die Bischöfe am 1. März 1755 mit einem strengen Erlaß wider den Aberglauben. Doch trotz der angedrohten Strafen gelingt es nur lokal, die bestialische Mißhandlung verdächtiger Leichname einzudämmen.

Die Vampire entfachen zwischen 1730 und 1770 einen Gelehrtenstreit, der ganz Europa in Atem hält. Zwar sind die Zeichen der Unverwesbarkeit den Pionieren der Blutsaugerkunde nicht gänzlich unbekannt und in zahlreichen Schriften dokumentiert. Nun aber machen angesehene Mediziner, Theologen und Philosophen den aus heutiger Sicht hanebüchenen Versuch, diese »miracula mortuorum« mit den Krankheitsmerkmalen der Lebenden in Einklang zu bringen. Daß die nächtlichen Attacken nicht sofort als Aberglaube entlarvt werden, ist wohl darauf zurückzuführen, daß die blutrünstigen Wiedergänger von ihren Opfern namentlich identi-

Exhumierung einer »Vampirleiche« in Serbien

fiziert werden. Und was noch schwerer wiegt: Die Leicheninquisition straft die Fiebernden nicht Lügen.

Wie tot ein Toter wirklich ist, fragt sich der Naturforscher Michael Ranft in seinem berühmten Traktat *Von dem Kauen und Schmatzen der Todten in Gräbern.* Wobei ihn die wundersamen Leichenphänomene allerdings ziemlich ungerührt lassen: »Ferner hat man an dem Cörper des Plogojowiz wahrgenommen, daß der Bart, die Nägel und Haare gewachsen gewesen«, schreibt der Vampirexperte. »Alleine was verwundern wir uns darüber, da es die Natur der Nägel und Haare nicht anders mit sich bringt.« Er hält die menschlichen Anhängsel »vor ein besonderes Vegetabile, welches mit dem Mooß und gewissen Kräutlein, die auff den Bäumen wachsen«, zu vergleichen sei. Nicht einmal über das »wilde Zeichen«, das der kaiserliche Provisor Frombald schamhaft erwähnt, mag Ranft sich wundern. »Alleine wir können leichte errathen, daß er damit nichts anders als die Erhebung und Aufrichtung des männlichen Gliedes stillschweigend anzeigen will«, stellt der Gelehrte fest. »Wer nun mit starrem Gliede stirbt, der behält auch im Tode ein starrendes Glied.« An passenden Exempeln soll es nicht fehlen: Germannus überliefert, daß »die im Treffen gebliebenen Soldaten insgemein *erectum penem* gehabt«. Und bei Sachsius hat Ranft in Erfahrung gebracht, »daß er an denen bey St. Gotthard gebliebenen Türken selbst gesehen, daß sie nach ausgezogenen Kleidern ein so starres Glied gehabt, als ob sie auff dem Felde der Venus einen neuen Kampff hätten antreten wollen«.

Was die abgeschälten Hautschichten der Vampire betrifft, kommt Ranft der Wahrheit schon etwas näher: »Da nun ein Cörper unter der Erden nicht leichtlich schwitzen und ausdünsten kann, erkennt man daraus, warum unser ausgegrabener Plogojowiz seine Haut oder vielmehr das Äußerste derselben abgeleget habe.« Die äußeren Schichten seien vor Trockenheit vergangen, schließt Ranft zu Recht. Doch dann postuliert er die Existenz einer »anima vegetativa«, eines belebenden Stoffes, der über den Tod hinaus seine Wirkung entfalten könne. Dieser magischen Kraft habe Peter Plogojowiz seine neue Haut zu verdanken.

Die Theorie heizt die Phantasie der Gelehrten an. Otto vom Graben zum Stein, Vizepräsident der Berliner Societät der Wissenschaften, erörtert in den *Monatlichen Unterredungen von dem Reiche der Geister* die Frage, ob diese Kraft dem Astralgeist entsprechen könnte. Während die Seele nach dem Tod zu Gott zurückkehre und der Körper zu Erde zerfalle, brauche der Astralgeist längere Zeit, um zu verwesen und sich in Luft aufzulösen. Diese Eigenschaften – körperlich, zeitweise unverwest und subtil – scheinen alle Voraussetzungen für eine weitläufige Vampirtheorie zu erfüllen.

Doch das Kernproblem ist damit nicht gelöst: Wie können Kräfte, die toten Körpern innewohnen, Lebende infizieren? »Wenn nun ein Mensch durch seine starcke Einbildung seine Ideen und Kräffte auf gewisse Personen, sie entweder zu segnen oder zu verfluchen, richtet, so fangen sie sogleich an, auff eine heimliche Weise in sie zu würcken«, argumentiert Ranft. Diese Kräfte hörten auch nach des Menschen Tod nicht auf zu wirken. Es sei deshalb völlig verständlich, daß der verstorbene Plogojowiz nach seinem Tode innerhalb von acht Tagen neun Personen umgebracht habe, fährt Ranft fort. Vermutlich hätten ihn Zänkereien mit seinen Nachbarn so in Rage versetzt, daß er nicht in Frieden habe ruhen können.

Die Zunft der Vampirologen nimmt Ranfts Hypothese von den geheimen Naturkräften, die physisch wirksam werden können, kopfschüttelnd auf. »Den Vampirismus hinzunehmen, als wäre er den bloßen Gesetzen der Natur unterworfen, heißt Gott und das Heilige mit den Atheisten zu leugnen, heißt die Dämonen zu verlachen«, kontert Laurentius Hentschel, der über das Phänomen promovierte. »Wer bitte wird denn so blind im Geist sein, daß er nicht mit mir bestätigte, daß im serbischen Vampirismus die Hand des Teufels erkennbar wird, der dort sein Spiel treibt?«

1746 verblüfft schließlich Augustin Calmet, anerkannter Theologe und Bibelexeget, die Fachwelt mit der Frage, wie denn der Teufel einen Leib so subtil machen könne, daß er imstande sei, die Erde zu durchdringen, Gruftdeckel zu lüften und durch Fugen und Schlüssellöcher in Häuser zu schweben. Calmet führt nun sogar die Auferstehung als gottgewollte Wiedergängerei ins Feld und spekuliert darüber, ob der Teufel solche Gewalt von Gott erfahren haben könne.

1765 wird der Benediktinerpriester Calmet in dem Artikel »Vampire« der *Encyclopédie* von Louis de Jaucourt als Paradebeispiel für die Macht des Mystizismus angeführt: »P. Calmet hat über diesen Gegenstand ein absurdes Werk verfaßt, dessen man ihn nicht für fähig gehalten hätte, das aber dazu dient, zu beweisen, in welchem Ausmaß der menschliche Geist zum Aberglauben verleitet wird.« Und 1791 wettert Carl von Knoblauch zu Hatzbach sogar: »Dom Calmet findet in den Vampyren einen Beweis für die Möglichkeit einer Auferstehung der Todten, und schämt sich nicht, ein handgreifliches – obgleich durch gerichtliche Certificate bestätigtes – Mährchen zur Bekräftigung eines christlichen Lehrsatzes anzuführen.«

Johann Christoph Harenberg beharrt dagegen schon 1733 in seinen *Vernünftigen und Christlichen Gedancken über die Vampirs* darauf, daß die Menschensaugerei weder der unmittelbaren Wirkung Gottes noch dem Satan, noch der Seele des Verstorbenen, noch dem begrabenen Leibe zuzuschreiben sei. »Wenn krancke Personen gemeinet haben, daß ihnen eine unsichtbare Gewalt auf der Gurgel spielet, und ihnen die Brust zusammengezogen habe, so ist solches für nichts weiter als eine leere Einbildung zu halten«, schreibt Harenberg in seinem Traktat. Als Schöpfer der Blutsaugerei identifiziert er eine unbekannte Epidemie, die den Geist durch eine Erstarrung der Leibessäfte verwirre. Es sei eine alte, unter den einfachen Leuten kursierende Erzählung, daß die Seelen der begrabenen Körper in Seuchenzeiten zurückkehrten und Lebenden das Blut aussaugten, weiß Harenberg. »Sobald nun eine gleiche Seuche zum Vorschein kommt, daran die Leute geschwind sterben und ersticken, so erinnern sich die Leute der alten Legenden von den Vampirs.«

Das war ganz im Sinne des großen Voltaire. Der scharfzüngige Aufklärer tat 1772 den Vampirismus und die hitzige Diskussion darüber mit der Bemerkung ab: »Von 1730 bis 1735 hörte man von nichts anderem mehr als von den Vampiren; man lauerte ihnen auf, riß ihnen das Herz heraus und verbrannte sie. Sie glichen den alten Märtyrern: je mehr von ihnen man verbrannte, desto mehr tauchten auf.«

Michael Ranfts Abhandlung *Von dem Kauen und Schmatzen der Todten in Gräbern*, Leipzig 1734

Wie ein heimtückischer Bazillus infizierte der Glaube an Wiedergänger zu Pestzeiten ganze Landstriche. Die Menschen waren davon überzeugt, daß der Teufel durch das Kauen und Schmatzen der Toten die tödliche Seuche zu erregen suche. Meist wurde das erste Opfer einer Pestepidemie als Nachzehrer angeklagt: »Der erste, der an einer Seuche starb, sitzt aufrecht im Grabe und verzehrt sein Laken, und die Seuche dauert, bis er es ganz verzehrt hat, wenn man ihn nicht zuvor ausgräbt und ihm mit einem Spaten den Kopf absticht«, heißt es in einer ostpreußischen Volkssage.

Für die furchterregenden Gebärden der Pestopfer gab es vermutlich eine banale Erklärung: Wenn die Seuche erst richtig wütete, wurden Todkranke manchmal noch vor ihrem endgültigen Ableben auf den Friedhof gekarrt – die Totengräber vernahmen ihr grausiges Lamento.

Widergespiegelt wurde der Glaube an die Wiedergänger im Totenkult der damaligen Epochen: Um das Nachzehren zu verhindern, betteten die Sachsen einen Stein und einen Pfennig unter die Zunge der Toten. In anderen Regionen wurde dem Leichnam bei der Bestattung eine Rasenscholle zwischen Brust und Kinn gelegt – der Tote sollte »ins Gras beißen« und sich nicht selbst verzehren. Wurde ein Verstorbener gar verdächtigt, bereits zu Lebzeiten einem Blutsauger begegnet zu sein, mußte die Türschwelle entfernt werden, damit der Tote nicht als Vampir ins Haus zurückkehren konnte. Wo der Wiedergänger für eine Inkarnation des Teufels gehalten wurde, genügte ein Kruzifix zur Abwehr.

Die rituelle Totenhochzeit beruhte auf dem Motiv von den liebenden Toten, die Braut oder Bräutigam nachholen. Die Russen gaben dem verstorbenen Jüngling in früheren Zeiten ein Weib mit ins Grab, das ihm vor der Tötung feierlich angetraut wurde. Weniger mörderisch vollziehen die Slawen noch heute Scheinhochzeiten, wenn Unverheiratete beerdigt werden.

Die wenigen Details über den Liebesakt mit Vampiren, die in den »authentischen« Berichten des 18. Jahrhunderts überliefert werden, muten allerdings geradezu ernüchternd an. So soll der Lublauer Wiedergänger Michael Casparek seiner Frau »oft ehelich beigewohnt haben« und nach seinem Tode sogar immer dreister geworden sein. Doch von Liebesgeflüster keine Spur: Daß die Blutsauger »nachts ihre Weiber wirklich beschlafen, aber kein einziges Wort dabei reden«, schrieb der Freiherr von Valsavor in seinem Werk *Die Ehre des Herzogtums Krain.*

Meistens wurden die heimgesuchten Frauen beschuldigt, ein Stelldichein mit dem Teufel gehabt zu haben – erst recht, wenn sie vorgaben, von dem verstorbenen Liebhaber geschwängert worden zu sein. Und statt die dämonische Dämmerstunde genauer ins Auge zu fassen, ergötzte sich die Zunft der Vampirolo-

Der Philosoph Appollonius von Tyana begegnet in Korinth einer Lamie, einem weiblichem Vampir. *Kupferstich aus dem 19. Jh.*

gen in anatomischen Einzelheiten darüber, wie die teuflische Samenübertragung wohl vonstatten gegangen sei. Beherzt griffen die Experten auf eine mittelalterliche Theorie zurück, wonach der Dämon zunächst in der Gestalt einer Frau erschien und sich bei einem Mann eine Samenspende erschlich. Daraufhin wechselte er flugs das Geschlecht und schwängerte ein ruchloses Weib.

Auf dem Balkan wurden Frauen, deren verstorbene Männer im Verdacht standen, Vampire zu sein, wachsam beäugt. Ein Sprichwort lautete: »Ein gescheites Weib kann es verhindern, daß der Vampir sie besucht und die Leute ermordet.« Die beißenden Ausdünstungen des Knoblauchs galten als abschreckendstes Mittel – »Knoblauch und Pfähle in deine Augen!« lautete ein Bannspruch auf der griechischen Insel Kephallenia. Schon in der Antike wurde Kindern nach einer Vorschrift des Titinius ein Kranz aus den stinkenden Zwiebeln um den Hals gehängt, um sie vor dem blutsaugenden Nachtvogel Strix zu schützen. Und in den *Fasten* des Ovid weiß nur die Nymphe Crane die Dämonenvögel abzuwehren, mit jenem Weißdornzweig, der Jahrhunderte später den Grafen Dracula in die Flucht schlagen sollte.

Durch die griechische Götterwelt geistern Lamien und Empusen, die schöne Jünglinge und Kinder verführen, ihnen das Blut aussaugen und ihr Fleisch fressen. Und es gibt offenbar keinen Ort auf Erden, wo nicht schon Vampire oder ihresgleichen gehaust haben: In Indien sollen Frauen von blutlüsternen Buhlgeistern im Schlaf attackiert worden sein, der armenische Berggeist Daschnavar saugt Wanderern angeblich das Blut aus den Fußsohlen. In Finnland soll ein böser Sproß der Unterwelt – schon rotwangig vom vielen Bluttrinken – seine Opfer mit spitzen Eisenkrallen malträtiert haben. Im Busch von Neuguinea scheint der mörderische Ovengua-Dämon zu lauern, und die Dayaks auf der Insel Borneo glauben an Buaus, blutsaugende Dämonen, in denen sie die Geister ihrer getöteten Feinde vermuten. In orientalischen Ländern sollen leichenfressende Ghoulen spuken, die werwolfähnlich auf Friedhöfen ihr Unwesen treiben.

## Vampire made in USA

Sie kamen aus Italien, Irland, Großbritannien und Deutschland. Ihr Besitz? Nicht viel mehr, als sie am Körper trugen. Und niemand von ihnen ahnte, daß sie tief in ihrem Inneren einen »blinden Passagier« beherbergten: die Urangst ihrer Väter und Mütter vor dem Wiedergänger, dem Würger, Untoten – dem Vampir. Die Siedler, die im 17. und 18. Jahrhundert aus Verzweiflung oder einfach aus Abenteuerlust in die Neue Welt aufbrechen, bringen den Vampirglauben über den »großen Teich«.

In New England, im kühlen Norden der USA, geht der Vampir an Land. Dort, wo Amerika heute noch am europäischsten ist, ist die Angst vor ihm nur unter einer hauchdünnen Schicht von Aufklärung verborgen. Es bedarf nur einer winzigen Erschütterung, und aus dem Glauben an den Untoten wird ein Wahn.

Den bizarren Beweis dafür liefert ein rätselhafter Fund in einer Sandgrube, 40 Meilen von Hartford, der Hauptstadt Connecticuts, entfernt. An einem Frühlingsmorgen im Jahr 1993 klettert ein Mitarbeiter der Grube auf eine rund 20 Meter hohe Sanddüne. Er kommt ins Rutschen, tritt einige Steine los, als ein ballgroßer Gegenstand den Abhang herunterkullert – ein Totenschädel. Der Besitzer der Grube ruft Nicholas – genannt Nick – Bellantoni in der University of Connecticut an. Bellantoni ist Professor, Archäologe und Spezialist für die Siedlungsgeschichte New Englands. Sein Team beginnt unverzüglich mit den Grabungsarbeiten. Die Forscher tragen Sandschicht für Sandschicht ab – und finden Schädel, Skelette, Reste von Gräbern.

Die Grube beherbergt einen Friedhof, den Familienfriedhof der Waltons mit Gräbern aus dem 18. und 19. Jahrhundert, wie sich später anhand von Initialen, Grabinschriften und Steingravuren rekonstruieren läßt. Sicherlich eine interessante Entdeckung, aber keine Sensation. Daß diese Ausgrabung dennoch weltweite Aufmerksamkeit findet, zum Forscherkrimi wird, verdankt sie eher einem Detail. Nick Bellantoni und sein Team entdecken auf dem Walton-Friedhof ein seltsam zugerichtetes Skelett, das Skelett eines Vampirs.

In einem gemauerten Steinsarkophag liegen die Überreste eines riesigen Mannes, dessen Knochen und Schädel wüst umarrangiert wurden. »Die Beinknochen wurden gekreuzt«, erzählt Nicholas Bellantoni, »die Leiche wurde enthauptet und der Schädel – wie auf einer Piratenflagge – auf die Beinknochen gelegt.«

Grabschändung? Ein makabrer Scherz? Für die Forscher ein eindeutiger Beweis dafür, daß diejenigen, die den Leichnam geschändet haben, glaubten, im Grab liege ein Vampir. Das bizarre Ritual ist der Versuch, diesen Vampir zu töten –

wenn man so will, eine »Pfählung« auf amerikanisch. Daß es sich bei dieser »Vampirhinrichtung« um eine Notlösung handelte, belegt indessen eine andere, nicht minder grausige Beobachtung. Die Vampirkiller haben zusätzlich den Brustkorb des Toten zertrümmert. Doch warum? Weil sie etwas suchten: das Herz des Vampirs.

Der Vampirglaube in New England ist historisch sehr gut belegt. Noch heute existieren zahllose Dokumente, die exakt nachweisen, wie man dazumal bei Vampirverdacht mit den untoten Mördern verfuhr. »Man öffnete früh genug nach dem Tode des ›Vampirs‹ die Brusthöhle des Leichnams und entnahm das Herz«, weiß Professor Bellantoni. Das Herz des Vampirs galt als wichtigste Zutat für die meisten überlieferten Tinkturen und Zaubertränke, die vor Untoten schützen sollten. Meist wurde es zu Asche verbrannt und dann mit etwas Flüssigkeit zu einem »herzhaften« Trunk gemixt.

Möglicherweise stammt dieses Ritual ursprünglich aus England. Schon im zwölften Jahrhundert berichtet der Kanoniker Wilhelm von Newburgh über unheilbringende Tote, die nachts die Hunde heulen lassen und beschuldigt werden, die Luft zu verpesten, Krankheiten zu verbreiten und Menschenblut zu trinken. Zwei dieser Gestalten werden ausdrücklich als Vampire (»sanguisuga«) bezeichnet, und als man ihre Gräber öffnet, findet man ihre Leichname blutbefleckt und aufgedunsen, das Gesicht hochrot, das Leichentuch zerrissen. Die Körper werden zerstückelt und verbrannt, doch zuvor werden die Herzen der Toten entfernt.

Der Grund dafür, daß auf dem Walton-Friedhof das Skelett zum Ziel der Anti-Vampir-Attacke wurde, ist denkbar einfach: Das Herz war nämlich nicht mehr vorhanden. Es war bereits verwest – ein Indiz dafür, daß man den Toten zunächst, also in den ersten Wochen nach seinem Ableben, für »unschuldig« hielt. Dann kam der Verdacht auf, der Leichnam wurde ausgegraben, und die Vampirhinrichtung folgte. Sie wurde nicht von

Pfählung einer »Vampirleiche«

Fremden, nicht von Nachbarn, sondern aller Wahrscheinlichkeit nach von Mitgliedern der eigenen Familie vollstreckt. Möglicherweise waren es die eigenen Kinder, die eigene Frau, die das Grab öffneten. Was war passiert? Welcher Mensch verbarg sich hinter dem Vampir?

Seine Initialen lauteten »J.B.«. Sie prangen deutlich und gut lesbar auf der »Liegefläche« seines Steinsarkophages. Doch was hat ein Mann mit diesen Initialen auf dem Friedhof der Waltons verloren? Daß es sich bei »J.B.« wirklich um einen Walton handelte, belegt seine Statur: annähernd 1,90 Meter groß, von kräftigem Wuchs, mit schwerem Knochenbau, also ein richtiger Bär. Auch unter den anderen männlichen Skeletten finden sich wahre Riesen – eine absolute Ausnahme in einer Zeit, als die Durchschnittsgröße für Männer bei 1,70 Meter lag. Im Gegensatz zu »J.B.« sind die anderen Hünen anhand der Grabinschriften eindeutig als »Waltons« identifizierbar.

Professor Bellantonis Team wurde auch andernorts fündig. Nachforschungen in der direkten Umgebung, in Kirchengemeinden und bei Nachkommen der Waltons bringen alte Familienfotos zutage. Parallel dazu wagen sich Anthropologen der Universität Connecticut an eine Schädelrekonstruktion von »J.B.«. Die Fotos verraten den Forschern ein weiteres eindeutiges Familienmerkmal der Waltons: buschige, zusammengewachsene Augenbrauen. Aufgrund seines Schädels kann bei »J.B.« recht verläßlich davon ausgegangen werden, daß auch er diese markanten Brauen hatte. »J.B.« war ein Walton.

In Anlehnung an die populäre Farmersaga »Die Waltons«, taufen die Archäologen »J.B.« scherzhaft »John Boy«. Ein possierlicher Name für einen mutmaßlichen Vampir. Nach und nach fördern die Anthropologen weitere äußerliche Merkmale John Boys zutage: einen gebrochenen Schulterknochen, der sich wie ein knorriger Ast aus seiner Schulter bohrte, schlecht verheilte und dem vierschrötigen Riesen etwas Groteskes verlieh. Licht in seine rätselhafte Vampirwerdung brachte jedoch eine andere Entdeckung: John Boy war schwerkrank – todkrank, wie eine Untersuchung seiner Brust- und Oberschenkelknochen ergab. Er litt unter der Krankheit der einfachen Leute, der Schwindsucht, der Lungentuberkulose.

Tuberkulose ist eine äußerst heimtückische Krankheit. Zunächst fühlen die Erkrankten sich müde und abgeschlagen, sie hüsteln, leiden unter Appetitlosigkeit und Schmerzen in Kopf und Brust – manchmal begleitet von leichtem Fieber. Typische Symptome einer Erkältung, und dafür wird die Tuberkulose im Frühstadium meist auch gehalten, zumal vor 150 Jahren im dünnbesiedelten Norden Amerikas, als sich die medizinische Versorgung noch auf Heilkompressen und Beten beschränkte. Häufig verbessern sich zwischenzeitlich die Symptome – der erste Krankheitsherd vernarbt oder verkalkt. Doch die Erreger, die Tuberkelbakterien, bleiben aktiv, viele Jahrzehnte lang. Im dritten und letzten Stadium des Leidens, der »galoppierenden Schwindsucht«, kann es zu Blutstürzen kommen, hohem Fieber, Atemnot. Der Kranke zehrt aus, verfällt – und fast immer stirbt er. John Boy wird es nicht anders ergangen sein.

Der Versuch einer Rekonstruktion: Vielleicht war er der erste in der Walton-Familie, der an Tuberkulose erkrankte. Bettlägrig durch seinen schweren Knochenbruch und ohnehin angeschlagen, hatte er den äußerst aggressiven Krankheitserregern wenig entgegenzusetzen. John Boy wurde krank, genas jedoch wieder – scheinbar – und infizierte weitere Familienangehörige. Als er der Krankheit schließlich erlag, war von dem einstmals stattlichen Mann nicht mehr als ein hohlwangiges, völlig entkräftetes Knochengerippe übriggeblieben. Er wurde auf dem Walton-Familienfriedhof beigesetzt.

Noch ahnten die Hinterbliebenen nicht, daß auch in ihrem Lungengewebe die tödlichen Bakterien keimten. Doch Monate später hielt die Krankheit ihre furchtbare Ernte. Ein Familienmitglied nach dem anderen welkte förmlich dahin. Ein hinterhältiger Killer schien den Waltons die Lebensenergie auszusaugen.

In dieser Atmosphäre der Trauer und hilflosen Verzweiflung reichte ein winziges Ereignis, um die überlieferte Vampirangst neu zu entfachen: die Gestalt eines Mannes, eines Fremden, der sich nächtens auf dem Friedhof herumtreibt; Erde, die vom Grabhügel John Boys gescharrt wird – schon wird aus einer Ahnung abergläubische Gewißheit: John Boy ist ein

Wiedergänger, der sich von der Energie der Lebenden ernährt. Aus dem lieben Bruder, Schwager oder Sohn ist eine Kreatur des Bösen, ein Vampir, geworden.

Daß gerade die Tuberkulose mit Vampirismus in Verbindung gebracht wird, hat einen einfachen Grund. »Als die Menschen damals die Körper der Verstorbenen ausgruben, sahen sie, daß sich etwas verändert hatte. Die Leichname sahen aufgedunsen, also gut genährt aus. Zur gleichen Zeit verfielen die Lebenden, wurden dünner und dünner«, erklärt Nick Bellantoni. »Und diese beiden Beobachtungen, hier die abgezehrten Kranken, dort die aufgedunsenen Leichen, brachten sie in Zusammenhang. Es entwickelte sich die Idee, daß sich die Toten von den Lebenden ernähren.«

Auf ihren alten, ehrwürdigen Friedhöfen suchten diese einfachen Menschen die Mörder ihrer Eltern, Frauen und Kinder. Und in gewisser Weise hatten sie recht. Denn wenn sich die gesamte Dorfgemeinschaft zu einer Vampirhinrichtung auf dem Friedhof einfand, die Gräber öffnete, Knochen und Brusthöhlen zerbrach, halbverweste Herzen herausriß, nahmen sie alle, jeder für sich, die Tuberkel, die Keime des Todes, auf. Eine seltsame Ironie: Die Rituale zum Schutz der Lebenden vor den Toten waren die eigentlichen Todesbringer.

Doch die Menschen vergangener Jahrhunderte wußten nichts von Verwesungsverläufen, von Infektionskrankheiten, Bakterien und Tuberkeln. Letztere wurden erst 1882 von Robert Koch entdeckt und isoliert. Sie gehören zu den langlebigsten Erregern. Noch heute, 150 Jahre später, muß sich Bellantonis Team schützen. Die Archäologen müssen Handschuhe und Mundschutz tragen, wenn sie nicht ebenfalls von den Tuberkeln, die ihren Ur-Ur-Großeltern zusetzten, infiziert werden wollen. Doch heute ist Schwindsucht heilbar. Damals war schon Ansteckung fast immer gleichbedeutend mit Tod.

Die bisherigen Fälle von Vampirismus, die in den USA auf-

Die »Untoten« saugen den Lebenden die letzte Energie aus

gedeckt wurden, beschränken sich auf die Staaten Connecticut und Rhode Island, traditionell bevorzugtes Siedlungsgebiet britischer und irischer Einwanderer. Die Forscher um Professor Bellantoni sind sich nicht sicher, warum das so ist. Es mag sich ein tieferes Geheimnis dahinter verbergen; die Arbeitshypothese jedoch, daß der Vampirglaube etwas typisch Britisches sei, erweist sich als unhaltbar. Denn schon 100 Jahre früher hatte es auch am anderen Ende Europas, in Kisolova, etwas durchaus Vergleichbares gegeben. Vampirauftritte sind in ganz Europa aktenkundig.

Vielleicht ist es reiner Zufall, daß die Forscher bislang nur in Rhode Island und Connecticut Zeugnisse des Vampirglaubens fanden. Wer will wissen, was sich noch alles unter den Friedhofsschollen des Riesenkontinents Amerika verbirgt! Doch üblicherweise läßt man die Toten in Frieden.

Irgendwann Ende des vergangenen Jahrhunderts war der Untoten-Spuk vorbei. Der letzte verbürgte Fall ereignete sich

1892, danach kehrte Ruhe ein auf amerikanischen Friedhöfen. Und diese Daten sind ziemlich verläßlich. Denn die Vampirrituale – nennen wir sie Hinrichtungen – fanden keineswegs heimlich statt. Nein, sie waren ein öffentliches Ereignis, an dem mitunter eine ganze Dorfgemeinschaft mit mehreren hundert Menschen teilnahm.

Die favorisierte Theorie darüber, welche Ursache letztlich für das Ende des Vampirwahns verantwortlich war, klingt reichlich abwegig: Ein Vampir war dafür verantwortlich, glaubt Professor Bellantoni. »1897, fünf Jahre nach dem letzten belegten Fall eines Vampir-Rituals, schrieb Bram Stoker seinen ›Dracula‹. Und wir vermuten, daß kurz nachdem das Buch erschienen ist, die Hinrichtung von Toten mit Horror, mit etwas Bösem, gleichgesetzt wurde. Und man hörte damit auf.«

## Die Symptome der Lebenden

Er attackiert seine Opfer im Schlaf, saugt ihnen die Lebenskraft ohne Erbarmen aus dem Leib, plagt sie noch dazu mit einem Wahn, der greifbar wie ein wirklicher Mörder erscheint. Bis zu drei Tage dauert das Martyrium, dann schnürt der Tod den Heimgesuchten endgültig die Kehle zu. Kann Aberglauben allein so mächtig sein? Welcher Killer schlägt so erbarmungslos zu? Pest, Tuberkulose – welcher heimtückische Bazillus hat in den Garnisonsdörfern Serbiens gewütet?

Um der wahren Natur der Seuche auf die Spur zu kommen, hat Dr. Christian Reiter, Pathologe am angesehenen Institut für Gerichtsmedizin in Wien, die vergilbten Dokumente der Regimentsärzte studiert. Sorgfältig sind darin die Krankheitsmerkmale notiert, Bevölkerungsschichten vermerkt, die anfälliger als andere zu sein scheinen, ja sogar Risikofaktoren aufgelistet. Schon im 16. Jahrhundert war die Lehre vom Kontagiösen (von den »ansteckenden« Krankheiten) verbreitet, verschiedene Übertragungswege waren bekannt. Aber die Mediziner der damaligen Epochen ahnten noch nichts von Viren und Bakterien. Mit dem heutigen Wissen können die Erreger, die die »Vampirepidemien« auslösten, anhand der Krankheitssymptome identifiziert werden.

Zu den Hauptverdächtigen zählt nach der Theorie von Reiter der Milzbrandbazillus, fachsprachlich *Bacillus anthracis* genannt. Er wurde 1849 im Blut infizierter Schafe entdeckt und verursacht die auf den Menschen übertragbare Tierseuche Milzbrand. Robert Koch – ein berühmter Pionier der modernen Bakterienkunde – hat den Erreger 1877 genau beschrieben.

Die Indizien: »Nur Viehzüchter und Bergleute, die in den ständig vom Krieg bedrohten Dörfern an der Grenze zur Türkei lebten, wurden von der Krankheit befallen, dort stationierte Soldaten hingegen nicht«, hat Reiter in den alten Berichten recherchiert. Zudem trat die Seuche vornehmlich in den Wintermonaten auf, wenn die Lebensmittel knapp wurden. »Die hungerleidende Bevölkerung war dann sogar auf den Verzehr von verendeten Tieren angewiesen«, fährt der Gerichtsmediziner fort, auch auf die Kadaver von Schafen, die – wie Miliza, Stana und ihresgleichen irrtümlich glaubten – Vampiren anheimgefallen waren. In Wirklichkeit trugen diese Tiere vermutlich den Milzbrandbazillus in sich.

Hohes Fieber, rasanter Kräfteverfall, Krämpfe in Brust und Magen, Herzbeschwerden – eben jene Folgen der vermeintlichen Vampirattacke – zählen zu den Symptomen, wenn Milzbrandkeime verschluckt werden. Gelangen die Erreger zusätzlich in die Lunge, nimmt die Krankheit stets einen extrem akuten Verlauf und endet nach kurzer Dauer tödlich. (Auch heute ist die Erkrankung lebensbedrohlich und nur mit sehr hohen Penicillindosen behandelbar.)

Sind die Wahnvorstellungen der »Vampiropfer« ebenfalls mit der Milzbrand-Hypothese zu vereinbaren? »Bei Atemwegserkrankungen kommt es durch die mangelnde Versorgung mit Sauerstoff zu einer Umnachtung des Geistes«, erklärt Dr. Reiter. »Die Opfer haben Beklemmungsgefühle, die den Eindruck vermitteln, jemand würde ihnen an den Hals gehen und sie würgen.«

## Das Geheimnis der Toten

Wie bei einem schneeweiß behaarten Menschenaffen bedeckt feinster Flaum alle unbekleideten Partien des Körpers. Die Augenhöhlen starren aus einer aufgeblähten, wild bewachsenen Fratze. Der Leichnam wird zum Bild einer Bestie, eines Dämons, der denjenigen, der das Grab öffnet, mit all seiner Bösartigkeit anzuspringen sucht. Was mögen unsere naturwissenschaftlich unbeleckten Vorfahren angesichts einer solchen Monstrosität empfunden haben?

Der Tote ist unverwest. Selbst 40 Jahre im Erdgrab konnten seinem Körper nichts anhaben. Ein Wunder? Ein Fingerzeig Gottes? Nein, vielmehr schlichte Chemie. Denn der Leichnam ist zu Wachs geworden, Feuchtigkeit und Luftmangel haben die Körperfette zu Wachs erstarren lassen. Schimmelpilzkulturen haben den Toten mit einem haarigen Gespinst überzogen und ihm sein grausiges Aussehen verliehen. Solche Wachsleichen, die vor wenigen Jahren etwa auf einem Friedhof in Baden-Württemberg gefunden wurden, gehören zum Grusel-Repertoire der Sensationsmedien; das Kabinett der echten Wachsfiguren läßt uns wohlig erschaudern – wie museale Moorleichen, deren Rätsel doch längst entziffert sind. Der Gletschermann Ötzi und die Mammuts aus dem ewigen Eis haben jüngst dazu beigetragen, daß die chemischen und physikalischen Prozesse der scheinbaren Unverwesbarkeit heute jedem Viertkläßler bekannt sind.

Was aber, wenn der verstorbene Nachbar zwölf Wochen

nach seinem Begräbnis rosig und wohlgenährt im Grabe ruhte? Zugegebenermaßen eine Horrorvision: Sein Tod war ein furchtbares Martyrium. Er starb an Lungenkrebs. Chemotherapie, Bestrahlung, schließlich siegte der Krebs über die moderne Medizin. Unmittelbar vor seinem Tod kam es zu einer kurzen Begegnung, ein traumatisches Erlebnis. Aus dem rundlichen, gemütlichen älteren Herrn von nebenan war ein hohlwangiger, vom Tode Gezeichneter geworden. Abgemagert bis auf das Skelett. Dann die Beerdigung, irgendwann Ende Januar, und zwölf Wochen später etwas, das (fast) nie passiert: Das Grab des Nachbarn wird geöffnet, der Sarg aufgestemmt, die Leiche wird gefilmt. Wie sehen sie aus, die sterblichen Überreste, 80 Tage nach der Beisetzung?

Vermutlich wären nahezu 100 Prozent aller Menschen, die diese Aufnahmen zu sehen bekämen, zutiefst aufgewühlt, in jedem Fall aber erstaunt. Der Rest der Bevölkerung – Polizisten, Pathologen, Bestatter, Wissenschaftler – würden mit der Achsel zucken; sie sind Fachleute und kennen die Handschrift der Verwesung. Kurzum: Der Leichnam wird in einem erstaunlich »frischen« Zustand sein. Von der hohlwangigen Auszehrung des Sterbenskranken keine Spur mehr. Fast scheint es, als läge ein anderer im Sarg. Zurückgekehrt die vollen Wangen, die stattliche Figur. Als wäre der Tote im Sarg regelrecht erblüht, als hätte die Ruhe im Grab die Spuren des Leidens getilgt.

Für Dr. Christian Reiter vom Wiener Institut für Gerichtsmedizin ist das Phänomen, daß Personen, die zu Lebzeiten mager waren, sich bei der Exhumierung als wohlgenährt oder fettleibig darstellen, eine geradezu klassische Verwesungserscheinung: »Sie ist durch die Bildung von Fäulnisgasen zu erklären. Die Fäulnisbakterien zersetzen das Gewebe, es bilden sich Gase, und dadurch kommt es zur Aufblähung des Körpers.« Der Leichnam ist – man möge den etwas rüden Vergleich verzeihen – aufgeblasen wie ein Ballon.

Zurück in das Jahr 1725 und in die serbische Grenzregion: Panik liegt wie ein dichter, undurchdringlicher Nebel über den Dörfern. Nachts geht der Tod um. Die Menschen, die man liebt, vergehen innerhalb weniger Tage. Ihre Schreie erfüllen die Nacht. Und inmitten dieser Atmosphäre aus Angst, Grauen und Ungewißheit erwächst die Erkenntnis: Vampire gehen um! Den Verwandten, Freunden und Nachbarn des Peter Plogojowiz, den Zeugen seiner Exhumierung, ist der offenkundig widernatürliche Zustand seines Leibes die furchtbare Bestätigung eines seit Wochen gehegten Verdachtes. Plogojowiz ist ein Untoter, ein Wiedergänger, ein Vampir. Und diese Spezies verwest nicht!

Den Verdacht im Herzen, müssen ihnen die scheinbaren Absonderlichkeiten seines Leichnams fast willkommen gewesen sein. Denn im Augenblick der Graböffnung wird – in den Augen seiner Zeitgenossen – aus dem Verdacht Gewißheit: Plogojowiz ist der untote Mörder.

Das im geschraubten Amtsdeutsch der damaligen Zeit aufgesetzte »Exhumierungs-Protokoll« weiß von allerlei Merkwürdigkeiten zu berichten: Erstens kommt der zu Lebzeiten abgezehrte und hohlwangige Plogojowiz als Toter blühend und wohlgenährt daher. (Besser gesagt: aufgedunsen als Folge der Verwesungsgase.) Zweitens weist der Leichnam, der bis dahin zehn Wochen im Grab verweilt hat, kaum Verwesungszeichen auf. Der Grund: Im Erdgrab wird der Zerfall eines Leichnams um den Faktor 8 verlangsamt. Ein Leichnam, der unter freiem Himmel liegt, wird also achtmal schneller verwesen als im Sarg. Und dieser Faktor kann sich – je nach Sauerstoffzufuhr – erhöhen. Denn die für die Verwesung verantwortlichen Bakterien benötigen Sauerstoff; je weniger davon vorhanden ist, desto langsamer schreitet die Verwesung voran. Doch davon wußten die Ärzte in der ersten Hälfte des 18. Jahrhunderts noch nichts.

Drittens bildet sich eine neue Haut, Fingernägel und Haare

wachsen weiter. »Die Fäulnisgase pressen Flüssigkeit unter die Oberhaut, die mit den Nägeln in Blasen abgeht«, erklärt der Gerichtsmediziner Dr. Reiter. »Darunter erscheint die Lederhaut wie eine neue Haut, und die leeren Nagelbetten sehen aus, als würden sich neue Nägel gebildet haben.« Und auch der erigierte Penis oder pathologisch korrekt, der aufgeblähte Penis beruht auf der Gärung: »Die großen Gasansammlungen in der Bauchhöhle führen dazu, daß Gas unter die Penishülle tritt«, fachsimpelt der Pathologe. »Und diese Strukturen werden ballonartig überdimensional vergrößert, sie imponieren unerfahrenen Personen als Erektion.«

Viertens blubbert und schmatzt die Leiche während der Exhumierung, und bei der Pfählung dringt Blut aus der Wunde, spritzt aus Ohren, Mund und Nase. Aus der Lunge wird Fäulnisflüssigkeit über die Atemwege aus den Gesichtsöffnungen gepreßt. Dr. Christian Reiter wörtlich: »Es perlt der Leiche aus Mund und Nase eine blutige Flüssigkeit hervor.« So erklärt sich das vermeintliche Blut bei der Pfählung: nichts anderes als blutfarbene Fäulnisflüssigkeit.

In dem bereits zitierten Traktat, *Vom Kauen und Schmatzen der Todten in den Gräbern* widmet sich der Autor Michael Ranft ausgiebig dem Phänomen der Verwesung. Recht hat er, Tote schmatzen tatsächlich. Denn während der faulige Saft hervorquillt, »sind auch Geräuschentwicklungen zu beobachten, die sich wie ein Blubbern und Gurgeln anhören«, fährt Reiter fort. »Unvorbereitete Personen können daraus ein Schmatzen der Leichen ableiten.«

Nicht pietätvoll, dafür anschaulich: Ein Leichnam verhält sich wie ein faulender Kürbis, in den man zwei, drei kleine Öffnungen sticht. Aus den Stichöffnungen tritt mit den Fäulnisgasen auch ein fauliger Sirup. Und wenn man sich die Mühe machen würde, in eines der Löcher einen Strohhalm zu stecken, würde man ein Geräusch hören, das dem Gurgeln der Flüssigkeit in den Atemwegen verwandt ist.

Was der Pathologe leichthin referiert, bleibt der erdrückenden Mehrheit der Menschen ein ewiges Geheimnis. Nahezu alle Kulturen betreiben einen Totenkult, doch nach der Aufbahrung verschwindet der Leichnam auf Nimmerwiedersehen. Die Menschen begleiten ihre Toten bis zum Scheiterhaufen oder zum Grab. Und niemand käme auf die Idee, nachsehen zu wollen, was mit dem Leichnam nach seiner Bestattung geschieht. Allein der Gedanke daran verbreitet Grauen.

Üblicherweise bleibt die Ruhe der Toten gewahrt. Üblicherweise. Denn eine sehr seltene Spezies Mensch wird nach dem Ableben mit Sicherheit in der Grabesruhe gestört: alle Anwärter auf päpstlich attestierte Seligkeit. Scheinbare Unverwesbarkeit war ein zentraler Faktor des Vampirglaubens – und im anderen Extrem ein Glaubensanker für den Seligen- und Heiligenkult. Was sich wie eine blasphemische Albernheit anhört, ist seit Jahrhunderten verbriefte Tradition: Im Zuge des sogenannten Seligsprechungsverfahrens wird das Grab des potentiell Seligen geöffnet.

Die »katholische Kongregation für Selig- und Heiligsprechungen« betreut und bewacht die nach kanonischem Recht detailliert geregelte Prozedur. Allein große Frömmigkeit oder »ein heiligmäßig gelebtes« Leben reichen für den Aufstieg in das Pantheon der Seligen und Heiligen nicht aus. Wenn die Betreffenden nicht als Märtyrer ihres Glaubens starben, müssen während des gottesfürchtigen Lebens auch Wunder getätigt worden sein. So heißt es im Codex des katholischen Rechtes unter §1 des Canon 2116 wörtlich: »Damit jemand selig gesprochen werden kann, sind außer der Tugendübung im heroischen Grade bzw. außer dem Martyrium noch Wunder notwendig, die von Gott auf die Fürbitte des Dieners Gottes erwirkt wurden.«

Die Zahl der Seligsprechungen geht in die Zigtausende. Zigtausende von Exhumierungen, jeweils kirchenamtlich dokumentiert und eidesstattlich bezeugt – ein gigantischer Fundus. Zwar gilt die Unverwesbarkeit an sich nicht als Wunder, wohl aber als Begleiterscheinung der Mystik: als ein Fingerzeig Gottes, wenn man so will. (Wenn jedoch umgekehrt der Leichnam verwest ist, heißt das noch lange nicht, daß an der Seligkeit des Bestatteten und seiner Seele gezweifelt werden muß.) Das Dilemma dieser »Begleiterscheinungen« ist, daß sie nach Belieben ausgelegt werden können.

Was bei Peter Plogojowiz ein eindeutiges Merkmal dafür war, daß er sich nach seinem Tod in einen Vampir verwandelte, ist bei einem gemeinhin als fromm bekannten Menschen der erste Schritt zur Seligkeit.

Der britische Jesuit Herbert Thurston verfaßte Mitte der fünfziger Jahre eine Phänomenologie der Unverwesbarkeit. Während bei einigen seliggesprochenen Leichnamen außerordentliche Wohlgerüche wahrgenommen wurden, zeichneten sich andere dadurch aus, daß die Totenstarre ausgeblieben war. Einige sollen noch nach Jahrhunderten unverwest gewesen sein, und zwar ohne daß man sie einbalsamiert, ausgedörrt, in Metallsärgen oder luftdicht abgeschlossenen Räumen aufbewahrt hätte. Manchmal soll Blut aus den Körperöffnungen des Leichnams geflossen sein. Ein eher seltenes Phänomen aus diesem Katalog: Die Toten bewahrten angeblich ihre Körperwärme.

Der vielleicht bekannteste Unverweste ist der heilige Andreas Bobola. Er wurde am 16. Mai 1656 grauenvoll zu Tode gefoltert. 45 Jahre später wurde er ausgegraben. Der Zeuge Valerian Kuczynski: »Wir öffneten den Sarg, fanden den Körper ganz unverwest, mit den Wunden so zermartert, wie er jetzt zu sehen ist, und als wir ihn vom Staube reinigten, säuberten wir auch den Sarg und legten den Leichnam wieder hinein. Und wir hielten die Unversehrtheit seines Leibes für eine einzigartige Gnade Gottes und für ein ganz besonderes Wunder, nachdem er so viele Jahre in dieser Weise gelegen hatte.« Wieder ist es der Austritt von Flüssigkeit, »von Blut«, wie es damals hieß, der die Augenzeugen verwirrt – ein natürliches Phänomen. »Wohlgerüche« sind relativ, der Geruch der Verwesung ist süß. Aber wer will schon in einer Zeit, in der Unglaube den Tod bedeuten konnte, einem eilfertig ausgerufenem »Welch ein Wohlgeruch!« die Bestätigung verweigern; auch wenn es möglicherweise stinkt.

Was den Theologen im 18. Jahrhundert hingegen größeres Kopfzerbrechen bereitete: War die Unverwesbarkeit von Peter Plogojowiz nun als Segen oder Fluch aufzufassen? Denn anders als der katholische Glauben brandmarkte die orthodoxe Kirche, die in den östlichen Grenzgebieten des österreichisch-ungarischen Reiches ihren Einfluß geltend machte, ausgerechnet die Exkommunizierten mit dem Makel der Unverwesbarkeit.

## Verwandlungen eines Monsters

Wirkliche Vampire sind selten geworden. Doch der Horror jüngst vergangener Zeiten ist noch ansteckend, als der Marquis d'Urfé, ein Versailler Adeliger, sich 1769 in einer diplomatischen Mission auf den Weg zum Fürstentum Moldau macht. Er quartiert sich auf seiner Reise im Haus des Serben Gorscha ein, wo er Zeuge einer abenteuerlichen Vampirgeschichte wird: Gorscha infiziert sich auf der Jagd nach einem türkischen Räuberhauptmann in den Bergen des Grenzlandes mit Vampirismus und überträgt die eingeschleppte Seuche auf seine Familie. Alle sterben. Es entsteht eine Sippe von »Wurdalaken«, wie die Blutsauger dort genannt werden.

Das Mysteriöse an dem Vorfall: Bevor Gorscha fortging, hatte er ein seltsames Testament hinterlassen. Falls er am zehnten Tage nicht zurückkehre, solle man eine Totenmesse für ihn lesen lassen. Falls er nach jener Frist wieder auftauche, solle man ihm den Eintritt verwehren, denn dann sei er ein Vampir geworden. Genau an jenem zeitlichen Grenzpunkt, der den Tod bedeuten sollte, kommt Gorscha heim. Untot? Oder lebendig?

D'Urfé erzählt die schaurige Episode 1815, zur Zeit des Wiener Kongresses, auf einer Soiree im Schloß der Fürstin Schwarzenberg. Gespräche über das politische Tagesgeschehen sind in den Salons verpönt, dafür erweist sich die höfische Welt in ganz Europa als süchtig nach Geschichten über die blutrünstigen Beißer. Graf Alexej Tolstoi verfaßt 1841 nach den Erlebnissen des Marquis d'Urfé seine Erzählung über *Die Familie des Wurdalak*.

Doch schon vorher feiert der Vampirismus einen zweiten Siegeszug und beginnt sich unter Dichtern und Schriftstellern geradezu epidemisch zu verbreiten. Die einen lassen die Blutsauger – meist weibliche – in schaurig-romantischen Balladen und Novellen zu dämonischen Vamps mutieren. Jeder lüsterne Biß mündet in einen übersinnlichen Liebesrausch, und die Opfer sterben in höchster Seligkeit dahin. Die anderen entdecken den bluttriefenden Stoff für den gotischen Schauerroman und lassen die Wiedergänger als grausame »Fürsten der Finsternis« auferstehen. Lord Ruthwen und seinesgleichen, allen voraus aber Graf Dracula, sind angetreten, »Biß für Biß die ganze Bevölkerung des Planeten in eine Internationale der Untoten zu verwandeln«, ironisiert ein Feuilletonist.

Als einer der ersten wurde Johann Wolfgang von Goethe vom Vampirisimus infiziert. »Aus dem Grabe werde ich ausgetrieben, / Noch zu suchen das vermißte Gut, / Noch den schon verlornen Mann zu lieben / Und zu saugen seines Herzen Blut. / Ist um den geschehen, / Muß nach andern gehn...«

»Bat-woman«, auf dem Gemälde von Albert Pénot (1890), verkörpert das vampirische Sexweib

dichtete er bereits 1797 in seiner *Braut von Korinth*. Als Vorlage diente ihm eine antike Legende von Aelius Phlegon, nach der das tote Mädchen Philinnion ihren früheren Geliebten in den Selbstmord trieb.

Goethes Dichterkollege Clemens Brentano erhob den Vampirismus kurze Zeit später gar zum persönlichen Lebenskult. »Öffne alle Adern deines weißen Leibes, daß das heiße, schäumende Blut aus tausend wonnigen Springbrunnen spritze, so will ich dich sehen und trinken...«, schrieb der Poet liebestrunken an seine Freundin Karoline von Günderode, die sich 1806 das Leben nahm.

Am stärksten aber faszinierte der spirituellste aller Wiedergänger, *Melmoth the Wanderer*, die Literaten. Als Held des gleichnamigen Romans von Charles Robert Maturin irrt Melmoth 150 Jahre lang bleich und gespenstisch über die Erde, um eine Seele aufzusaugen, der er sein Schicksal übertragen kann. Seine Liebe zu dem Mädchen Immalee ist tödlich, ihr Verderben und seine Befreiung zugleich. Innerlich zerrissen, zögert er sie immer wieder hinaus.

»Ich bin der Vampir meines eignen Herzens«, sagt der Verdammte über sich selbst – in einem Gedicht, das Charles Baudelaire dem unsterblichen Melmoth widmete. Der Lyriker bewunderte dessen gespaltene Natur, die im Vergleich zum Menschen unendlich mächtig, aber unendlich niedrig und verworfen sei. Bei Oscar Wilde ging die Identifikation mit dem unsterblichen Wanderer so weit, daß er in den letzten Jahren seines Lebens unter dem Pseudonym Sebastian Melmoth schrieb. »Dieser Name war die Maske, mit der er sein vom Zuchthaus zerstörtes und von den Anzeichen des nahen Todes starrendes Gesicht bedeckte, um noch einige Jahre im Dunkel dahinzuleben«, analysierte Hugo von Hofmannsthal.

Mit »kalten roten Lippen, die wirkten, als seien sie dazu bestimmt, das Blut aus Leichen zu saugen«, läßt Honoré de

Balzac den Wiedergänger Melmoth schließlich für Geld eine Seele kaufen: An der Pariser Börse wird dieser Wechsel auf das Hauptbuch der Hölle zuletzt zum Kurs von 700 000 Francs gehandelt.

Vlad Draculea speist unter seinen gepfählten Feinden.
*Holzschnitt aus dem 15. Jahrhundert*

Noch schwärzer mochten es 100 Jahre später die Surrealisten: Sie machten Lautréamonts schrecklichen Engel *Aus dem ersten Gesang Maldorors* zu einer Kultfigur. Der trägt den Beinamen »Vampir«, und nichts ist ihm so gut wie das Blut eines Kindes, »wenn man es noch ganz warm trinkt«. Der böse Engel Maldoror teilt die Schwermut der Verdammten, »den unersättlichen Durst nach Unendlichkeit, wie du, wie ich, wie alle Menschen mit bleichem und schmalem Gesicht«.

»Als der Arzt gegangen war, sagte Carlo: ›Ich bin der vollkommenen Frau begegnet; maskiert. Ich habe sie nach Hause begleitet. Es stellte sich heraus, daß sie ein Vampir war.‹ Damit schob er sein Nachthemd hoch und wies mir mit erschöpftem Stolz seinen Körper, der mit tiefen Bissen bedeckt war wie mit den Spuren von Wieselzähnen. Er war völlig von Kräften, aber gleichzeitig erregt und – erschreckend zu berichten – ungeheuer verliebt. ›Solange du es nicht erlebt hast‹, sagte er, ›kannst du dir nicht vorstellen, wie es ist. Zu fühlen, wie dir in der Dunkelheit das Blut von jemandem ausgesogen wird, den du anbetest.‹ Seine Stimme brach. ›Das hätte sogar de Sade nicht beschreiben können. Ich sah ihr Gesicht nicht, aber ich hatte den Eindruck, daß sie blond war, von einer nordischen Blondheit; wir trafen uns im Dunkeln und trennten uns im Dunkeln. Ich habe nur noch die Erinnerung an weiße Zähne und an eine Stimme... nie hat eine Frau mir solche Dinge gesagt. Sie ist die Geliebte, auf die ich so viele Jahre gewartet habe.‹ «

In so verklärten Worten schwärmte der irische Lyriker und Schriftsteller Lawrence Durrell in *Pursewardens Erzählung* von einem Rendezvous mit einem Vampir. Zwar wurde schon antiken Dichtern ganz heiß bei dem Gedanken an die verführerischen Blutsaugerinnen – Philostratos erzählte von einer untoten »Empuse«, die nach allen Regeln der Kunst einen schönen Jüngling verführte. Doch erst die Romantiker des 18. Jahrhundert ließen die Vamps zur erotischen Metapher erblühen und stillten damit den Durst nach Übersinnlichem, den der Rationalismus der vergangenen Jahre hinterlassen hatte.

Angeregt durch Goethes *Braut von Korinth*, ersann der französische Romancier Théophile Gautier *Die liebende Tote*, die wohl sinnlichste Vampirin aller Zeiten. Sie wird von der Kurtisane Clarimonde verkörpert, die den jungen Priester Romuald in Liebesraserei versetzt. »Ja, ich habe geliebt, wie kein Weltlicher je geliebt hat«, gesteht der Geistliche, dem Clarimonde mit einem Stich ihrer goldenen Haarnadel die Adern öffnet. »Mit katzenhafter Behendigkeit stürzte sie sich auf die Wunde, die sie mit dem Ausdruck unbeschreiblicher Wollust auszusaugen begann«, darf Romuald in der Novelle seufzen. »Zuweilen hielt sie inne, um meine Hand zu küssen, aber gleich darauf preßte sie ihre Lippen wieder gierig auf die kleine Wunde, um ihr den letzten roten Tropfen abzuzapfen!« Manchmal scheint die Frau in Clarimonde den Vampir sogar zu besiegen – vom Blut ihres Geliebten wagt sie kaum soviel zu trinken, daß es ihn schwächen könnte.

Auch Sheridan Le Fanu zieht 1872 in seiner Erzählung *Carmilla* alle Register der romantischen Liebe. Mit der »Raffinesse eines Epikureers« umwirbt die lesbische Vampirin Carmilla die ahnungslose Kindfrau Laura. Mit mörderischem Vergnügen steigert sie ihre Zärtlichkeiten, zieht ihr Opfer im Schlaf in ihren Bann. »Manchmal war mir, als küßte mich ein warmer Mund, immer länger und zärtlicher, je näher er meiner Kehle kam, wo er dann jedesmal verharrte«, berichtet Laura. Die verruchte Carmilla sollte rund 100 Jahre später ihr männliches Pendant in der nach Blut lechzenden Bestie Lestat de Lioncourt finden. Der erste homosexuelle Blutsauger – eine Schöpfung der amerikanischen Autorin Anne Rice – vermählt sich durch eine orgiastische Blutübertragung mit dem schönen und reichen Louis de Pointe du Lac.

Zu mitternächtlicher Stunde rezitiert Lord George Noël Byron am Kamin seiner Genfer Villa aus der Gespensterballade *Christabel*: Der Hund hat schon im Schlaf gejault, das fast verglühte Feuer ist emporgeflackert, als der saugende Schatten der widerwärtigen Hexe Geraldine über die unschuldige Christabel kriecht...

Ein gellender Schrei. Eine Gestalt stürzt schweißgebadet aus dem Zimmer, heimgesucht von Wahnvorstellungen über die grausame Geraldine. Der Geplagte ist Byrons Nachbar Percy Shelley, dem das Schauermärchen so an die Nerven ging, daß er in Ohnmacht fiel.

Zu den Gästen in Byrons Villa Diodati gehören in jenem verregneten Sommer des Jahres 1816 auch sein Arzt William Polidori und die junge Autorin Mary Godwin, die später den sensiblen Shelley heiratete. Nächtelange Gespräche über Okkultismus und über geheimnisvolle Versuche, tote Materie zum Leben zu erwecken, stimulieren die Gesellschaft derart, daß sie beschließen, selbst Gruselgeschichten zu erfinden. Wenige Tage später beginnt Mary Godwin ihren Roman über den künstlichen Menschen *Frankenstein*.

Wie Percy Shelley kommt auch William Polidori mit seiner eigenen Idee nicht sehr weit. Statt dessen ergreift er Besitz von einem vampiristischen Textfragment, das Lord Byron entworfen hat. Der schriftstellernde Arzt vollendet das Manuskript zu einer düsteren Novelle, deren Erfolgsstory 1819 beginnt. Spektakulär für die damalige Zeit: Die Geschichte nimmt ein unseliges Ende.

Aubrey, dessen Schwester in die Gewalt des Blutsaugers Lord Ruthwen geraten ist, scheitert als Gegenspieler des Vampirs – und stirbt vor Verzweiflung. Denn vor seinem eigenen Tod hatte der zähnebleckende Lord dem ahnungslosen Aubrey den Eid abverlangt, sein Ableben zu verschweigen. Unbehelligt und süchtig nach dem roten Saft, kann Lord Ruthwen sich fortan kreuz und quer über den Globus beißen.

Polidoris Novelle verbreitet sich wie ein Flächenbrand. Noch im Erscheinungsjahr wird sie ins Deutsche und Französische übersetzt. Und am 13. Juni 1820 wird *Der Vampyr* im Théâtre de la Porte-Saint-Martin uraufgeführt. Mit grandiosem Erfolg: Die Vorstellungen sind Abend für Abend ausverkauft, und manche Lieder tönen durch die Gassen von Paris. Als der Schauspieler Philippe, der die Rolle des Vampirs übernommen hatte, wenige Jahre später stirbt, ordnet die Geistlichkeit an, daß er nicht christlich bestattet werden dürfe, weil er eine derart gottlose Rolle gespielt habe. Alexandre Dumas erzählt, daß damals 3000 Menschen aus Protest dem Leichenzug folgten, um Gerechtigkeit für den populären Philippe zu fordern.

»Kein Theater in Paris ist ohne seinen Vampir!« meldet bald darauf ein zeitgenössischer Kritiker. Auch in Deutschland werden die Blutsauger immer beliebter. 1828 findet Polidoris Melodram in Leipzig zum ersten mal als Oper von Heinrich Marschner Widerhall. Und Lord Ruthwen wäre der unangefochtene »Fürst der Finsternis« geblieben, wenn nicht Abraham Stoker 1897 den Sargdeckel des Grafen Dracula gelüftet hätte. Stoker habe die Überlieferungen aus ganz Europa studiert, so sein Biograph Henry Ludlam. Aber: »Brams Gedanke galt nicht einem gewöhnlichen Blutsauger, seine Schöpfung sollte ein Übervampir sein.« Ein Ungeheuer schwebte ihm vor, dessen Mordlust im wirklichen Leben jedem Untoten zur Ehre gereicht hätte. Der Teufel höchstpersönlich: Fürst Vlad Draculea, genannt »der Pfähler«.

## Dracula

Den tollsten Gaumenkitzel verspürte er bei seinen Mahlzeiten unter Gepfählten. Zigeuner zwang er, sich gegenseitig zu zermetzeln, im Kessel zu sieden und aufzuessen. Und wer sich über den Leichengeruch beklagte, wurde selbst am höchsten Pfahl aufgespießt. Auf seinen Feldzügen hinterließ er Wälder von Gepfählten: Mehmed der Eroberer will 1462 mit seinem Heer bei der walachischen Hauptstadt Tirgovişte an 20000 aufgespießten Türken und Bulgaren vorbeimarschiert sein. »Unter diesen Schlachtopfern des Despotismus befanden sich Säuglinge, von der Mütter Brüsten weggerissen, in deren Unterleibe jetzt die Vögel nisteten«, berichtete ein byzantinischer Historiograph.

Unvorstellbare Grausamkeit trug dem Fürsten Vlad, in Christo gottgetreuer Woiwode, d.h. Fürst oder Heerführer, den Beinamen »Tepeş« ein (was nichts anderes als »Pfähler« bedeutet). Sein Titel »Draculea« stammte zwar von einem zum Kampf gegen die Türken bestimmten Drachenorden, wurde aber bald zum Synonym für den Teufel. Dabei war Vlad Tepeş beileibe kein muskelbepackter Paradeheld – eher kleinwüchsig, dafür mit stechenden Augen und der Ausstrahlung eines Mannes, vor dem man sich in acht nehmen muß. Er wurde um 1430 im siebenbürgischen Karpatenstädtchen Schäßburg (Sigishoara) in einem Gasthof geboren. Eine Notunter-

Porträt von Vlad Draculea. Gemälde aus dem 16. Jahrhundert.
*Innsbruck, Sammlungen Schloß Ambras*

kunft, denn sein Vater Vlad II. befand sich dort mit seiner Familie im Exil.

In den seither vergangenen 500 Jahren hat sich in Schäßburg kaum etwas verändert. Der Schatten des großen Woiwoden der Walachei, Vlad Tepes, ist allgegenwärtig. Sein Geburtshaus ist ein Nationaldenkmal, von Verteufelung keine Spur. Hier hält man ihn für einen Helden, der das Abendland vor dem osmanischen Heer bewahrte. Der rumänische Schreckensherrscher Ceauçescu machte Vlad sogar zum Nationalhelden, verdrehte Tatsachen und Legenden, bis ein »Draculea-Bild« herauskam, das dem kleinen Diktator gefiel. Fortan hieß es in der rumänischen Geschichtsschreibung: »Der hervorragende Fürst wird zu neuem Leben erweckt, und seine wahre historische Identität erhält immer genauere Konturen – als großer Staatschef des 15. Jahrhundert, als symbolische Gestalt eines Europas, das seinen Weg einer modenen Entwicklung suchte und zugleich bis zum letzten Opfer kämpfte, um seine geistige Identität, seinen Glauben und seine Ideale zu verteidigen – vor einer Invasion, die unaufhaltsam schien.«

Jahrelang taktierte der grausame Patriot zwischen dem ungarischen König Matthias Corvinus und dem osmanischen Sultan um seine Unabhängigkeit. Erstmals regiert er die Walachei von 1456 bis 1462, führt seine Bauernhaufen mit beachtlichem Erfolg gegen türkische Armeen. Dann wird er auf Befehl von Corvinus auf die Hochburg Visegrád nach Ungarn gebracht. Ob in Ehren, als Fürst unter Hausarrest oder als Gefangener mit Kerker-Logis, kann heute niemand mit Bestimmtheit sagen. Daß sein Name sich auf der Häftlingsliste des Verlieses im Salomonturm findet, ist eine Fiktion. Von der Burg an der Donau existieren heute nur noch Ruinen.

Auch für Erzählungen, daß der große Fürst während der Gefangenschaft immer mehr dem Wahnsinn verfiel und amüsierten Gästen des Königshauses als Skurrilität vorgeführt wurde, fehlt es an Beweisen. Dennoch hält sich hartnäckig die Legende, politisch entmachtet sei Vlad im Kerker immer mehr verfallen. Geistig umnachtet soll er Fliegen wie Feinde gejagt haben. Völlig entmenschlicht habe er Mäusen und Ratten genüßlich das Genick gebrochen.

König Matthias Corvinus gibt seinen Gefangenen schließlich frei. Fürst Vlad erhält 1476 erneut Amt und Würden als Herrscher über die Walachei. Ein Jahr später wird er getötet – entweder im offenen Kampf oder als Opfer eines Meuchelmordes. Beide Möglichkeiten werden von Geschichtsschreibern überliefert.

Der Blutsauger – der Vampir – stirbt, wenn man ihn pfählt oder seinen Kopf vom Körper trennt. So mag die Behauptung, daß auch Vlad Tepeş geköpft wurde, eine Legende sein, ersponnen aus der Angst, daß dieser Tyrann nach seinem Tod zum Wiedergänger werden könnte. Angeblich soll das Haupt des Pfählers in Honig konserviert und dem Herrscher des Osmanischen Reiches, Sultan Mehmed II., vor die Füße gerollt worden sein. Es waren seine Soldaten, die Vlad Tepeş zu Tausenden aufspießen ließ.

Die letzte Ruhestätte fand Vlad Draculea in einer Klosterkirche auf einer kleinen Insel im nördlich von Bukarest gelegenen Snagov-See. Touristikpilger haben hier keine Chance, die Blitzlichter ihrer Kameras gelten in den Augen der dort ansässigen Mönche als geradezu blasphemisch. Hartnäckig verteidigen sie die Ruhe des Toten: Wer das Grab sehen will, muß ein umständliches Genehmigungsverfahren über sich ergehen lassen. Absagen erfolgen ohne Angabe von Gründen. Die wenigen willkommenen Besucher werden mit einem Ruderboot auf die Insel gebracht, jeder Schritt der Fremden wird argwöhnisch überwacht.

Die letzte Öffnung der Gruft habe 1936 stattgefunden, wissen die Mönche zu berichten. Damals sei der Sarkophag unter der Steinplatte leer gewesen. Doch das Grab war vielleicht nur eine Tarnung, um den Leichnam vor Räubern zu schützen. Denn links neben der Grabmulde habe man ein Skelett entdeckt – und zwar mit Schädel. Die prächtige Kleidung und Grabbeigaben deuten darauf hin, daß es sich um einen hohen Würdenträger gehandelt haben muß. Einen Beweis dafür, daß der Tote tatsächlich Vlad Tepeş ist, gibt es nicht.

Der irische Schriftsteller Abraham Stoker kennt die Traktate über Blutsauger und Untote, die Berichte der österreichischen Beamten über die rätselhaften Vampirepidemien. Doch die Bauern und Grenzer der serbischen Dörfer taugen nicht als Helden eines Schauerromans. In Gesprächen mit dem angesehenen Orientalisten Arminius Vambery stößt Stoker schließlich auf die Legenden von Vlad Draculea. Fasziniert von dem Gedanken, dem barbarischen Pfähler die Unsterblichkeit der Vampire zu verleihen, erschafft Stoker das blutsüchtige Monster Dracula. Im Roman ist die beißende Bestie allerdings nicht in der Walachei, sondern in der schaurig-

Vlad Draculea im Kerker der Burg Visegrád

schönen Landschaft Transsilvaniens beheimatet. Draculas Schloß liegt am malerischen Borgo-Paß, der das siebenbürgische Bistritz mit der Bukowina verbindet. Doch da hatte der echte Vlad nie etwas verloren. Seine Burgen und Festungen waren auch keine düsteren Opernkulissen, sondern wehrhafte Bastionen gegen das tausendköpfige Heer der Türken.

Dem Vampir dichtet Stoker jene neuen Attribute an, die sich für alle Zeiten in die Köpfe der Menschen einbrennen sollten: Die Untoten haben kein Spiegelbild, sie fürchten nichts mehr als Kruzifix und Rosenkranz und mutieren zu heulenden Wölfen und Fledermäusen, die schwarz wie die Nacht vor den Fenstern ihrer Opfer flattern. Die Symbole verschmelzen, machen den Mythos noch mächtiger: Schon seit der Antike gelten die seltsamen Chimären aus Maus und Vogel als Zeichen für das Unheilbringende und den Tod. Flughunde bevölkerten ägyptische Grabkammern, Fledermausblut

Draculeas Kopf wird dem osmanischen Sultan Mehmed II. präsentiert.

würzte Hexentränke. »Im Mittelalter wurde die Fledermaus als Diener Satans betrachtet«, weiß der Bonner Zoologe Professor Uwe Schmidt. »Wenn sie in ein Haus flog, glaubten die Leute, der Teufel käme hinein.«

Seefahrer, die fremde Kontinente bereisten, brachten seit dem 17. Jahrhundert Gruselgeschichten von südamerikanischen Vampir-Fledermäusen in Umlauf, die Kühe, Pferde und manchmal auch Menschen überfallen, ihnen das Blut aus den Adern saugen. Eine Kolonie dieser echten Vampire beherbergt Uwe Schmidt in seinem nostalgischen Institut im Poppelsdorfer Schloß. Der Biß der fliegenden Säuger ist schmerzlos und hinterläßt eine winzige Wunde, geschnitten mit rasiermesserscharfen Zähnen. Ihr Speichel hindert das Blut am Gerinnen, wirkt örtlich betäubend. Sie saugen nicht, sie lecken das Blut, viel Blut, täglich in einer Menge, die ihrem Körpergewicht entspricht.

Es ist der Phantasie Stokers zu verdanken, daß auch der Biß des menschlichen Vampirs Ende des 19. Jahrhunderts endlich seine markanten Konturen erhält: ein kreisrundes Loch mit ausgefranstem Rand und weißem, blutleer gelutschtem Hof – anatomisch exakt lokalisiert in der Kuhle zwischen Schlüsselbein und Hals, dort, wo die Ader pocht. Doch was die Sache erst richtig scharf macht: Die Dolchzähne verwandeln sich zu »wilden Zeichen«, dringen unverkennbar phallisch in die Venen – der lüsterne Biß ersetzt den Thrill einer sexuellen Vereinigung.

Ein Vierteljahrhundert nach dem Erscheinen des *Dracula* ist der Vampir reif für Hollywood. 1922 feiert Friedrich Wilhelm Murnaus »Nosferatu, eine Symphonie des Grauens« Premiere. Der Regisseur ergänzt Stokers Horrorcocktail um weitere grausige Zutaten, zum Beispiel Ratten, unheimliche Überträger von Krankheiten, beißwütige Kreaturen der Dunkelheit. Und Murnau schafft sich seinen eigenen Vampir: Sein Nosferatu vergeht im Sonnenlicht.

Mitte der dreißiger Jahre findet das Genre in dem ungarischen Schauspieler Béla Lugosi den idealen Darsteller. Er stilisiert sich zum Edelvampir (mit dem Hinweis, daß dergleichen in seiner Heimat nichts Ungewöhnliches sei) und lebt so nachhaltig in seiner Rolle, daß er verfügt, in seinem schwarzroten Dracula-Cape beerdigt zu werden. Hartnäckig hält sich das Gerücht, er habe auch privat in einem Sarg geschlafen. Seinen Dracula-Ring hat er Christopher Lee vermacht, einem zunächst ziemlich erfolglosen Schauspieler – bis zu seiner ersten Rolle als Dracula.

Es folgen Billigfilme mit Titeln wie »Dracula jagt Bikinimädchen«, die jedem echten Vampirkenner das Blut in den Adern gefrieren lassen. Als Glanzlichter in der langen Reihe der Vampirfilme – 1970 waren es bereits über 60 – gelten hingegen Werner Herzogs »Nosferatu«, ein Remake des Murnau-Films mit Klaus Kinski in der Hauptrolle, und der turbulente »Tanz der Vampire« von und mit Roman Polanski – eine bislang nicht übertroffene Persiflage des Themas. Und die authentischste Stoker-Verfilmung: Francis Ford Coppolas »Dracula«.

1994 schafft schließlich auch Lestat de Lioncourt, die Schöpfung der Amerikanerin Anne Rice, den Sprung in die Kinos. Der vorerst letzte Leinwand-Vampir zeigte, wie sehr der Mythos von den Blutsaugern die Menschen noch heute in seinen Bann zieht. Über drei Millionen Menschen drängten sich in den ersten drei Tagen in die Kinos, um den Film zu sehen. Und in San Francisco hat ein von Vampirismus infizierter Fan anschließend gar auf seine Freundin eingestochen, um ihr Blut zu trinken.

Klosterkirche auf der Insel im Snagov-See mit dem Grab Vlad Draculeas

## Ein Vampir in New York

Gab es Vampire? Ja! Gibt es sie auch noch heutzutage? Ja! Vampire gibt es, solange es Menschen gibt, die sich für Vampire halten, und Menschen, die daran glauben. Dr. Stephen Kaplan ist der Prophet des »modernen Vampirismus«. Er hält sich für den weltweit führenden Vampirologen – den van Helsing des 20. Jahrhunderts, in Anlehnung an den Gelehrten in Stokers Roman. Bislang macht ihm niemand diesen Titel streitig.

Natürlich hat sich der »Vampirismus« auch in der psychiatrischen Fachliteratur niedergeschlagen. Die beschriebenen Fälle beschränken sich jedoch auf »Beißen« und »Saugen« mit sich anschließendem »unauffälligem Geschlechtsverkehr«, möglicherweise auch der Ermordung des Opfers. Meist vermischen sich bei diesen psychopathologischen Sexualdelikten Vampirismus, Kannibalismus und Nekrophilie. Berüchtigstes Beispiel: Fritz Harmann, der »Vampir« von Hannover. Er lud seine Opfer zum Essen ein und biß ihnen beim Dessert die Kehle durch. Anschließend »verarbeitete« er die Leichen in seiner Metzgerei. Der Massenmörder, der 1925 geköpft wurde, tötete insgesamt 24 junge Männer. Die reine Gier nach Blut ist dagegen ein Phänomen, dessen Erforschung bislang amerikanischen Wissenschaftlern vorbehalten blieb: »Forschern« wie Kaplan. Er ist Doktor der Soziologie, Master in Science und gründete Ende der siebziger Jahre das *Vampire Research Center* – ein bescheidenes Arbeitszimmer mit Aktenschrank. Doch das tut dem Forscher-Ego keinen Abbruch. Immerhin hat Kaplan 615 Vampire in Nordamerika ausgemacht, »echte« Vampire, wie er betont.

Echt sei ein Vampir, »wenn er Blut nicht als Ausdruck einer psychischen Erkrankung, sondern aus körperlicher Notwendigkeit trinkt«. Mit anderen Worten: Bekommt der – wohlgemerkt echte – Vampir kein Blut, geht es ihm schlecht. Dauer-

Auf alten Abbildungen sind Fledermäuse mit eindeutig teuflischen Zügen ausgestattet

haften Blutentzug müsse er gar mit dem Tode bezahlen, was jedoch so gut wie nie vorkomme. Schließlich gibt es ja immer noch den nächsten Schlachthof.

Für Kaplan sind Blutsauger eine eigene Gattung Mensch. »Vampire können anders als gewöhnliche Menschen die Inhaltsstoffe des Blutes vollständig verarbeiten, verfügen somit über einen anderen Stoffwechsel.« Dieser abnormen Biologie verdankten die echten Vampire auch ihre extrem hohe Lebenserwartung. »Zwischen 150 und 250 Jahren«, schätzt der selbsternannte Vampirologe. Doch Kaplan stellt seinen sensationellen Behauptungen keine Beweise gegenüber. Keine medizinischen Gutachten, keine notariell beglaubigten Geburtsurkunden uralter Vampire. Auch Versuche interessierter Naturwissenschaftler und Mediziner, einen »echten« Vampir auf »Herz und Nieren« zu prüfen, blieben erfolglos. Kaplan tritt allen Bemühungen um Beweise entgegen. Als Alibi führt er den Schutz seiner Klienten ins Feld.

Damit hat er sein wissenschaftliches Todesurteil gesprochen. Er mimt den Unverstandenen und verweist auf die permanente Gefahr, in der sich »echte« Vampire angeblich befinden. »Es gibt Leute, die jagen Vampire, weil sie glauben, daß die Augen der Vampire irgendeine magische Formel haben«, will Kaplan wissen. »Anhänger des Blutkults, von denen allein in Nordamerika zwischen 10 000 und 20 000 herumlaufen, jagen echte Vampire.«

Im Koffer ständig dabei: Kruzifixe, Weihwasser und Knoblauchknollen – Kaplans Test-Set für Blutsauger. Der Vampir wird interviewt, über seinen wöchentlichen Blutkonsum, seine Reaktion auf die stinkenden Zwiebeln befragt. Kaplan ist davon überzeugt, daß Knoblauch und Zwiebeln den echten Vampir krank machen. Das liege an dem im Knoblauch enthaltenen Wirkstoff *Allizin*, der nicht nur für den beißenden Geruch verantwortlich ist, sondern auch das Blut reinige und

Südamerikanische Vampir-Fledermaus

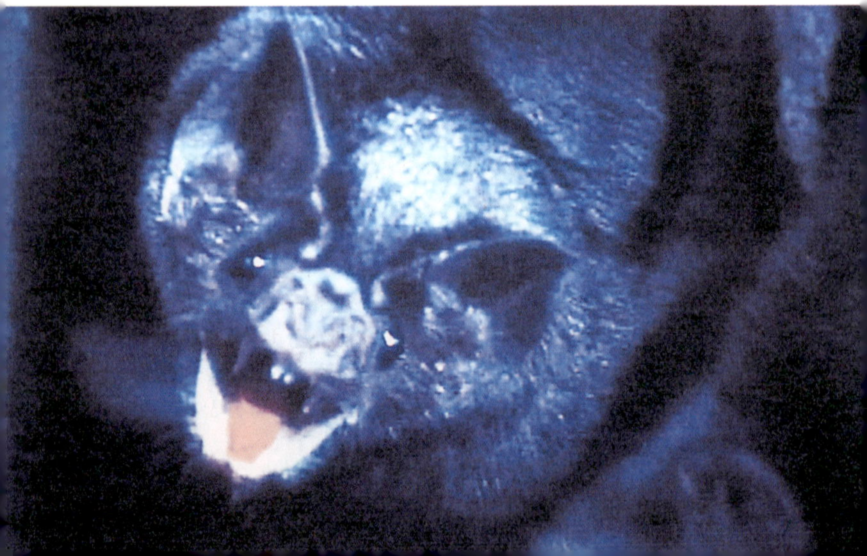

Krankheitskeime abtöte. Dem Vampir bereite das Zeug körperliches Unbehagen.

Für uns war der Kaplan-Test eine Enttäuschung, denn seine Fragen sind so durchsichtig, daß wahrscheinlich jeder, der als Vampir gelten will, den Test bestehen dürfte.

Es bedurfte reichlicher Überzeugungskraft, drei Dutzend Faxe und doppelt so vieler Telefongespräche, um Stephen Kaplan schließlich doch noch zu überreden, uns wenigstens ein Exemplar aus seiner Vampirkartei zu präsentieren. Der vereinbarte Treffpunkt: Soho in New York. Doch schon aus Routine sagt Kaplan im letzten Moment telefonisch ab. Nun soll es Brooklyn sein, ein öffentlicher Friedhof. »Ein Fehler, und ich bin tot, man kann in dieser Szene niemandem trauen«, flüstert der selbsternannte Experte. Show oder Angst?

Vor dem »Interview mit einem Vampir« wußten wir lediglich, daß der New Yorker Blutsauger Arnie heißt, Mitte Dreißig und Weißer ist. Nach Monaten des Bangens ist es nun endlich soweit: Arnie der Vampir steht vor uns. Bei dieser ersten Begegnung interessiert uns am meisten: Was haben Vampire, außer der Gier nach Blut, was normale Menschen nicht haben?

Er behauptet, sonnenempfindlich zu sein. Zufall? Vampirattribut? Oder schlicht erlogen? Ja, es habe Fälle von extremer Langlebigkeit in seiner Familie gegeben, zwei, drei »über Hundertjährige«. Er stehe morgens spät auf, sei ein Nachtmensch. »Das liegt am Job«, kommentiert er lakonisch. Arnie ist Künstler. Die vermeintlichen Vampirattribute à la Stoker interessieren ihn nicht. Kaplan gegenüber ist er distanziert. Von ihm verspricht er sich bestenfalls Kontakte zu anderen Vampiren.

Arnie hat nicht die geringsten Zweifel: Er fühlt sich als Vampir, er ist ein Vampir, weil er Blut liebt. Arnie erinnert sich an seine erste »Vampirerfahrung«: »Als ich 14 Jahre alt war, schnitt ich mir in den Finger, steckte ihn in den Mund, um die Blutung zu stoppen. Und ich erinnere mich genau daran, daß ich den Geschmack geliebt habe, es war, wie zum erstenmal den Sex entdecken, es war... ich liebte einfach den Geschmack von Blut.«

In einem Punkt hat Arnie uns überzeugt: Er glaubt tatsächlich, ein Vampir zu sein. Und wenn Dr. Kaplans »Forschung« nur halbwegs zu trauen ist, geht es zumindest in den USA Hunderten, wenn nicht Tausenden wie Arnie. Menschen, die sich für lichtempfindlich halten und glauben, ohne Menschenblut nicht leben zu können: »Es ist sehr schwer für mich«, erklärt Arnie, »dir etwas zu beschreiben, das du nicht selbst kennst; es ist sehr, sehr sexuell, es ist, wie den ganzen Tag nichts zu trinken zu haben und dann einen kalten Drink zu nehmen, es ist, wie für eine Weile keinen Sex zu haben und dann den besten Sex zu haben, den du je hattest; ein Gefühl totaler Erfüllung und Sättigung. Für meine Opfer, schätze ich, ist es nicht so schön, aber ich glaube, daß sie doch eine Befriedigung verspüren, wenn ich ihr Blut aussauge. Ich weiß, daß es meiner Freundin viel Freude macht. Manchmal nehme ich eine Rasierklinge und schneide in ihre Finger, manchmal darf ich sie beißen, in den Hals, in die Brüste, in die Arme, in andere Stellen, wo man es nicht sieht.«

Es ist sicherlich ein Glücksfall für Arnies Mitmenschen, daß er ihnen das Blut, das er angeblich zum Leben braucht, nicht einfach raubt, sondern es sich freiwillig spenden läßt.

Der Vampir existiert, weil er glaubt, ein Vampir zu sein. Der Vampir ist Arnies zweite Persönlichkeit, eine zweite Identität mit eigenen Vorlieben, Abneigungen und Handlungen. Arnie und der Vampir, das sind Dr. Jekyll und Mr. Hyde. Stark und eigenständig ist die zweite Natur, so übermächtig, daß sie mit körperlichen Veränderungen einhergeht. Von »dissoziierten Persönlichkeiten« sprechen die Psychologen in solchen Fällen. »Das kann so weit gehen, daß sich der Gesichtsausdruck und die Stimme völlig verwandeln«, weiß Dr. Dr. Walter von Lucadou, der als Leiter der Parapsychologischen Beratungsstelle in

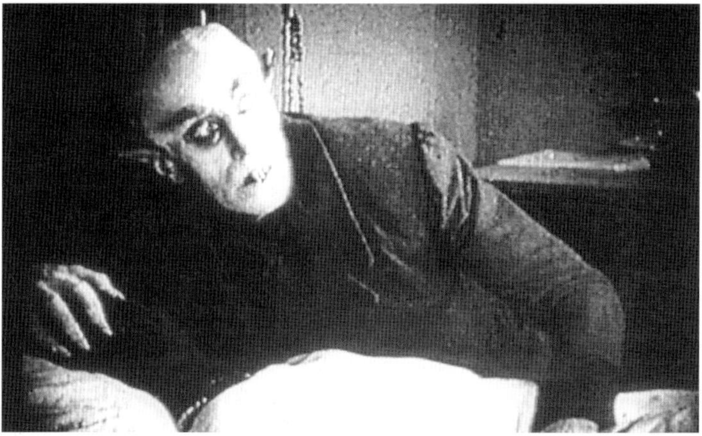

Max Schreck in der Rolle des Vampirs in Murnaus Film Nosferatu, eine Symphonie des Grauens

Freiburg solche Patienten behandelt. Sogar die Gehirnströme werden häufig verändert, wie anhand eines Elektroenzephalogramms (EEG) festgestellt werden kann. »Das ist nicht gespielt, sondern in gewisser Weise wirklich eine andere Person«, betont der Physiker und Psychologe von Lucadou. »Und wenn sie den Charakter des Vampirs einnimmt, wird sie sich auch entsprechend gebärden.«

Das Verhalten des Patienten entspricht exakt seinem Bild von einem Vampir. Bram Stoker und das ganze Heer der Geschichtenerzähler, Schauspieler und Journalisten, unerklärliche Phänomene, Überlieferungen, Ammenmärchen – sie alle haben mitgewirkt an dem Gemälde des Vampirs. Und es ist längst nicht vollendet. Jede Generation legt aufs neue Hand an, korrigiert hier, retuschiert dort. Und wer weiß, vielleicht bringt die Zukunft einen Vampir, der Blut mit Wodka »on the rocks« bevorzugt. Der zweite Arnie wird sich buchstabengetreu an die Vorlage halten: Er wird Blut mit Wodka brauchen, so dringend, daß er meint, sterben zu müssen, wenn er es

Die stigmatisierte Therese Neumann aus Konnersreuth

nicht bekommt. Und vielleicht wird er ohne Blut zugrunde gehen. Denn die Kraft der Psyche ist groß.

Wie mächtig sie ist, beweist der Fall der 1962 verstorbenen Therese Neumann, die als Therese von Konnersreuth gleichermaßen abgelehnt und angebetet wurde – eine einfache, tieffromme Frau, die Visionen von der Passion Christi hatte und angeblich nur von täglich einer Hostie lebte. Die Gläubige aus dem bayerischen Konnersreuth wurde beobachtet, untersucht, aber niemals des Betruges überführt.

Doch was sie vor allem auszeichnete: Sie trug seit ihrem 28. Lebensjahr die Stigmata Christi – blutende, nie heilende Wunden an Händen und Füßen, an Stirn und Lende. Die Wunden von Jesus Christus, verursacht durch die Eisennägel, mit denen er ans Kreuz geschlagen wurde, durch die Dornenkrone, die er auf seinem Haupt trug, und durch die Speerspitze, mit der seine Seite durchbohrt wurde.

Für ihre Anhänger war Therese von Konnersreuth eine Heilige, für die Amtskirche eine Prüfung. Für die meisten Menschen war ihre Stigmatisierung ein faszinierendes Rätsel, für viele Psychologen ein spektakulärer Beweis dafür, was die Seele dem Körper antun kann. Für Walter von Lucadou besteht kein Zweifel: Die Psyche erzeugt die geheimnisvollen Male, »sie kann so stark sein, daß echte, tiefe Wunden entstehen«.

Die Stigmatisierte und der Vampir – Opfer der eigenen Wahnvorstellungen. Und im Wahn des einzelnen steckt der Zündstoff für eine Massenhysterie, genährt durch archaische Glaubensvorstellungen, die vielleicht seit Anbeginn der Menschheit tief in unserer Psyche verankert sind.

## Vampire in unseren Köpfen

Die Grenzpsychologie nennt das Phänomen treffend *Old-Hex-Syndrom* – eine wahre Horrorerscheinung, nicht wirklich ergründet, aber in Fachkreisen durchaus bekannt. Es ist etwas, das vor allem junge Männer zwischen 25 und 35 befällt. Und fast immer zur gleichen Zeit, nämlich nachts – in jenen Augenblicken zwischen Wachsein und Schlaf, wenn die Seele langsam abgleitet in Morpheus' Reich, ins Land der Träume.

Auf einmal erscheint sie: eine alte Frau, ein gräßliches böses Weib – die Hexe. Sie nähert sich dem Bett des beinahe Schlafenden, umkrallt mit eisernem Griff seine Schultern, legt sich wie Blei auf die Brust des jungen Mannes. »Die Opfer empfinden es nicht als Einbildung oder Traum«, hat Walter von Lucadou von angsterfüllten Patienten erfahren. »Es ist ein völlig realer Eindruck – wie ein wirkliches Erlebnis.«

Das Geschehen ist unheimlich, grauenhaft und dabei derart real, daß das Opfer an sich zu zweifeln beginnt. Das Atmen fällt schwer. Der bedrängte Mann bekommt keine Luft, fühlt sich dem Ersticken nahe. Lucadous Hypothese: »Ich könnte mir vorstellen, daß das Gefühl der Heimsuchung durch einen Vampir das weibliche Pendant zum *Old-Hex-Syndrom* ist. Was dem jungen Mann die Hexe ist, könnte für die Frau der Vampir sein.«

Bereits in den zwanziger Jahren dieses Jahrhunderts wurde in Großbritannien ein Phänomen erforscht, das Grenzpsychologen als einen »Hilfsmotor« des Spiritismus bezeichnen: die Erscheinung jüngst Verstorbener. Statistisch »erleben über fünfzehn Prozent aller Menschen in den ersten sechs Wochen nach dem Ableben eines nahestehenden Menschens seine Rückkehr aus dem Totenreich«, heißt es in dieser 70 Jahre alten Studie. »Und wir haben keinen Anlaß, daran zu zweifeln, daß es heute anders ist«, schätzt Walter von Lucadou. Er hat sich mit einigen »Augenzeugenberichten« beschäftigt.

Auch diese Erlebnisse sind gekennzeichnet von einer absoluten Realität. Kein durchschimmernder Geist von Canterbury, sondern ein Auftritt, der so wirklich ist wie alles um uns herum. »Fast gewinnt man den Eindruck, daß diese Erscheinungen der Toten als ›überreal‹ empfunden werden«, sagt von Lucadou. Der Spuk endet jedoch, sobald die Lebenden versuchen, mit den Toten in Kontakt zu treten, sie zu berühren.

Hexen, Tote, Würgephantasien – Projektionen unseres Geistes als solide Bausteine für einen Massenwahn? Ein Kreuzfeuer solcher Eindrücke, dutzendmal verstärkt durch die Angst der Mitmenschen, eingebettet in ein Glaubenssystem, in dem der Vampir seinen festen Platz hat – mußte sich da nicht der letzte Rest von Ratio verflüchtigen? Zeuge einer Exhumierung zu werden, der Exhumierung des Peter Plogojowiz, die jeden vernünftigen Gedanken an den Wahn verpfändete – wer hätte sich dem Bann der Hysterie völlig entziehen können? »Ich kann mir vorstellen, daß auf diese Weise Vampirepidemien entstehen, gewissermaßen aus dem Nichts heraus«, behauptet Walter von Lucadou. »Dafür ist es nicht erforderlich, daß irgendein Bram-Stoker-Film im Fernsehen gelaufen ist. Blut als Elixier des Lebens, das Erscheinen von Toten, die Furcht, daß Energie weggesogen wird, das sind alles Vorstellungen, die seit jeher zum Menschsein dazugehören.«

Die makabren Phantasien eines französischen Schriftstellers der Barockzeit: »Der Freund löst seine Lippen nicht von denen des Freundes, bis er fühlt, daß er verschieden ist. Dann zieht er ihm das Eisen aus der Brust, schließt mit seinem Mund die Wunde, trinkt so sein Blut und schlürft immerzu, bis er keines mehr davon trinken kann. Sofort folgt ihm ein anderer, und man trägt jenen zu Bett; wenn der zweite gesättigt ist, legt man ihn schlafen, um dem dritten den Platz freizugeben; wenn schließlich die ganze Gesellschaft befriedigt ist, führt man jedem nach vier oder fünf Stunden ein sechzehn- bis siebzehnjähriges Mädchen zu, und drei oder vier Tage lang, während sie die Wonnen der Liebe genießen, werden sie nur mit dem Fleische des Toten ernährt, das man sie ganz roh essen läßt, damit, wenn aus diesen Armen etwas zum Leben erweckt wird, sie versichert sind, daß es ihr Freund ist, der wieder auflebt.«

Dieses Ritual schildert Cyrano de Bergerac in seiner *Reise zu den Mondstaaten und Sonnenreichen*. Sterbende lassen ihr Blut von ihren Erben trinken, damit ihre Kraft in den Nachkommen fortwirke. Blut ist die Währung für Lebenskraft. Und schon in der griechischen Antike versuchte Odysseus, die »Wesen des Todes« mit dem roten Elixier anzuziehen. Im Hades, dem Reich der Toten, wurden aus den Menschen leere Schatten – ohne jegliche Lebensenergie. Ihnen fehlte der Stoff des Lebens: Blut!

Nach dem Fall Trojas verschlägt es Odysseus – so erzählt der griechische Dichter Homer – an die Gestade des Totenreichs. Er will seine gefallenen Kameraden aus der Finsternis herauslocken, und er lockt sie mit Blut, das er in einen unterirdischen Teich gießt. Die Toten lechzen danach: Blut verheißt Leben! Blut entflammt ihre erloschenen Lebensgeister! In der

Vorstellung der Griechen ist Blut ein magischer Stoff, so stark, daß er selbst Tote zu neuem Leben erwecken kann. Die Schattenwesen im Hades – nichts anderes als Vampire mit einem unstillbaren Durst nach Lebensenergie?

Mit dem Blut leben wir; verlieren wir es, büßen wir unser Leben ein. Blutsauger, Untote, Wiedergänger, Vampire – wie immer man sie auch nennen mag – sind ein Symbol. Sie verkörpern die Angst vor dem Raub der Lebenskraft, plötzlichem Siechtum, körperlichem Verfall. Und mag unsere Gesellschaft auch noch so fortschrittlich und aufgeklärt sein, diese Urängste können wir nicht vertreiben.

»Dies ist mein Blut, das ich für euch hingegeben habe«, sprach Jesus und bot es seinen Jüngern dar. Heute zählt das Christentum über eine Milliarde Menschen, aufgewachsen mit dem christlichen Ritual des Blutes. Der Vampir ist kein Geschöpf dunkler Mächte – er ist Menschenwerk. Und wenn der Vampir erwacht, bremst ihn kein Sonnenlicht, kein Knoblauch und kein Kruzifix.

Nächtliche Dämonen pressen ihren Opfern den Atem aus der Brust. Die Nachtmahr, Gemälde von Johann Heinrich Füßli, 1781

# Anhang

## Literaturverzeichnis

### Der Schatz der Tempelritter


AGERO, JUAN (HRSG.): Castilla y León/Soria, Madrid 1989

ANTON, KARL GOTTLOB: Versuch einer Geschichte des Tempelherrenordens, Leipzig 1779

ATIENZA, JUAN GARCIA: La meta secreta de los templarios, Barcelona 1979

ATIENZA, JUAN GARCIA: Guia de la España templaria, Barcelona 1987

AYLAGAS MIRÓN, ALEJANDRO: La ermita templaria de Ucero (Soria), Barcelona 1986

CAMPBELL, GEORGE A.: Die Tempelritter. Aufstieg und Verfall, Stuttgart 1938

CHARPENTIER, JOHN: Die Templer, Stuttgart 1965

DEMURGER, ALAIN: Die Templer. Aufstieg und Untergang 1118–1314, München 1992

ESTEPA, CARLOS: La disolución de la orden del Temple en Castilla y León; in: Cuadernos de Historia Nr. 6, Madrid 1975, S. 121–186

FINKE, HEINRICH: Papsttum und Untergang des Templerordens, 2 Bde., Münster 1907

HAMMER-PURGSTALL, JOSEF FRH. VON: Fundgruben des Orients, Bd.6: Mysterium Baphometum revelatum, Wien 1818

JAVIERRE MUR, AUREA: Aportación al estudio del proceso contra el Temple en Castilla; in: Revista de archivos, bibliotecas y museos, Bd.69,1, Madrid 1961, S.47–100

LEWIS, BERNARD: Die Assassinen, Frankfurt a.M. 1989

LINCOLN, HENRY/BAIGENT, MICHAEL/LEIGH, RICHARD: Der Heilige Gral und seine Erben, Bergisch Gladbach 1984

MAHIEU, JACQUES DE: Die Templer in Amerika oder das Silber der Kathedralen, Tübingen 1979

MARTINEZ DIEZ, GONZALO: Los templarios en la corona de Castilla, Burgos 1993

MORALES HERNANDEZ, FERNANDO/SOTO, MARIA JESÚS BOROBIO: Resultados de las excavaciónes en San Pedro de Caracena (Soria) Julio 1986; in: Celtiberia. Centro de Estudios Sorianos, Nr.81/82, Soria 1991, S.211–242

NICHOLSON, HELEN: Templars, Hospitallers and Teutonic Knights. Images of the Military Orders, 1128–1291, Leicester/London/New York 1993

PRUTZ, HANS: Entwicklung und Untergang des Tempelherrenordens, Berlin 1888 (Neudruck Walluf 1972)

SCHOTTMÜLLER, KONRAD: Der Untergang des Templer-Ordens, 2 Bde., Berlin 1887 (Neudruck Wiesbaden 1970)

SCHULTEN, ADOLF: Termantia. Eine Stadt der Keltiberer; in: Neue Jahrbücher für das klassische Altertum, Jhg. 14, Bd.27/28, Leipzig/Berlin 1911, S.259–276

SCHULTEN, ADOLF: Die Keltiberer und ihre Kriege mit Rom (= Numantia. Die Ergebnisse der Ausgrabungen 1905–1912, Bd. 1), München 1914
SÈDE, GÉRARD: Die Templer sind unter uns, Frankfurt a.M. 1963
SICHTERMANN, HELLMUT: Funde in Spanien, Zürich/Frankfurt 1977
TOPPER, UWE: Das Erbe der Giganten. Untergang und Rückkehr der Atlanter, Olten/Freiburg i.B. 1977
ZEDLER, JOHANN HEINRICH: Grosses vollständiges Universallexicon Aller Wissenschafften und Künste, Bd.42, Leipzig/Halle 1744

## Gletscher-Gold

BENDER, FRIEDRICH: Kaukasus, München 1991
BOCK, ULRICH: Georgien und Armenien, Köln 1988
DENEK, BERNWARD (HRSG.): Siehe der Stein schreit aus der Mauer, Geschichte und Kultur der Juden in Bayern, Nürnberg 1988, S.415–417
DSHAWACHISCHWILI, ALEXANDER (HRSG.): Goldschmiedekunst und Toreutik in den Museen Georgiens, Leningrad 1986
DORN, BERNHARD: Beiträge zur Geschichte der kaukasischen Länder und Völker, Leipzig 1967
FÄHNRICH, HEINZ (HRSG.): Märchen aus Swanetien, Konstanz 1992
FEST, JOACHIM C.: Hitler. Eine Biographie, Frankfurt 1993
FRESHFIELD, DOUGLAS W.: Travels in the Central Caucasus and Bashan, London 1869
GAMQRELIDSE, TAMAS: Aus der Geschichte der Stammesnamen der alten Kolchis; in: Georgica 15. Jahrgang 1992, S.82–89, Konstanz 1992
GELASCHWILI, NAIRA: Georgien/Ein Paradies in Trümmern, Berlin 1993
HAHN, C.: Kaukasische Reisen und Studien, Leipzig 1896
HAUSSIG, HANS-WILHELM: Götter und Mythen der kaukasischen und iranischen Völker; in: Wörterbuch der Mythologie, Band IV, Stuttgart 1986
HOFFMANN, JOACHIM: Kaukasien 1942/43, Freiburg 1991
HOFMANN, TESSA: Armenien/Georgien. Zwischen Ararat und Kaukasus, Köln 1990
KIRSCHBAUM, ENGELBERT (HRSG.): Lexikon der christlichen Ikonographie, Freiburg 1968
KORALL, WOLFGANG: Swanetien/Abschied von der Zeit, Würzburg 1991
KUSNEZOW, ALEXANDER: Das obere Swanetien (Russische Ausgabe), Moskau 1974
KBIZIANI, JOSEB: Unveröffentl. Manuskripte und mündl. Schilderungen 1994/95
LANGHANS, PAUL (HRSG.): Petermanns Mitteilungen aus Justus Perthes' Geographischer Anstalt, 72. Jahrgang, S.123–124, Gotha 1926
LORTKIPANIDSE, OTAR: Wann beginnt die Geschichte der georgischen Kultur?; in: Georgica 16. Jahrgang 1993, S.5–13, Konstanz 1993
MARK, RUDOLF A.: Die Völker der ehemaligen Sowjetunion, Opladen 1989
MELIKISCHWILI, GIORGI: Die alten georgischen Staaten und ihre sozialökono-

mische Ordnung; in: Georgica 13/14. Jahrgang 1990/1991, S.73–80, Konstanz 1991
MERZBACHER, GOTTFRIED: Aus den Hochregionen des Kaukasus. Wanderungen, Erlebnisse, Beobachtungen, Band I und II, Leipzig 1901
MITTEILUNGEN DES DEUTSCHEN UND ÖSTERREICHISCHEN ALPENVEREINS, Jahrgang 1926, Nr.9, München 1926
MUMMERY, ALBERT: Meine Bergfahrten in die Alpen und in den Kaukasus, München 1988
RENZ, ALFRED: Kaukasus, München 1987
REISSNER, ILMA: Georgien / Geschichte, Kunst, Kultur, Freiburg 1989
RUSTAWELI, SCHOTA: Der Mann im Pantherfell, Zürich 1991
SEVERIN, TIM: Auf den Spuren der Argonauten, Düsseldorf 1987
TRÄGERVEREIN JÜDISCHES REGIONALMUSEUM MITTELFRANKEN (HRSG.): Aus der jüdischen Geschichte Baiersdorfs; S.45–48: »Hoch hinaus«; Prof. Dr. h.c. Gottfried Merzbacher, Fürth 1992
TSCHUMBURIDSE, SURAB: Die swanische Sprache; in: Georgica 13/14. Jahrgang 1990/1991, S.17–21, Konstanz 1991
WATSCHNADSE, NATELA/LORTKIPANIDSE, MARIAM: Heidentum im christlichen Georgien; in: Georgica 16. Jahrgang 1993, S.57–63, Konstanz 1993

## Draculas Schatten

BERGERAC, CYRANO DE: Die Reise zu den Mondstaaten und Sonnenreichen, München 1962
BOGDAN, JOAN: Vlad Tepes, und die deutschen und russischen Erzählungen über ihn, Bukarest 1896
CALMET, DOM AUGUSTIN: Dissertations sur les apparitions des Esprits, et sur les vampires ou les revenants de Hongrie, de Moravie, etc., Einsiedeln 1749
FRIEDLANDER, MIRA: Vampires for real; in: The Toronto Star, 31. Oktober 1992
GAUTIER, THÉOPHILE: Die liebende Tote, Hellerau 1926
HAMBERGER, KLAUS: Mortuus non mordet. Dokumente zum Vampirismus 1689–1791, Wien 1992
HAMBERGER, KLAUS: Über Vampirismus. Krankengeschichten und Deutungsmuster 1801–1899, Wien 1992
JAUCOURT, LOUIS CHEVALIER DE: »Vampires«; in: Encyclopédie, ou dictionnaire raisonné des sciences, des arts et des métiers, Paris 1751–1780
MÄRTIN, RALF-PETER: Dracula. Das Leben des Fürsten Vlad Tepes. Berlin 1980
RANFT, MICHAEL: Tractat von dem Kauen und Schmatzen der Todten in Gräbern, Leipzig 1734
RICE, ANNE: Gespräch mit einem Vampir, New York 1976
SCHMITT, JEAN-CLAUDE: Die Wiederkehr der Toten. Geistergeschichten im Mittelalter, Stuttgart 1995
SCHÖNE, CHRISTIAN: Fürst Dracula – ein grausamer Patriot; in: Frankfurter Rundschau, 7. April 1979
STOKER, BRAM: Dracula, New York 1897

Stoicescu, Nicolae: Vlad Tepeş, Bukarest 1976
Sturm, Dieter/Völker Klaus (Hrsg.): Von denen Vampiren oder Menschen-Saugern. Dichtungen & Dokumente, 2 Bde, München 1968
Voltaire, François-Marie Arouet: Vampires; in: Dictionnaire Philosophique, Tom. 14, Paris 1809
Wienerisches Diarium vom 21.Juli 1725: »Copia eines Schreibens aus dem Gradiscer District«, Wien 1725

## Über die Autoren

### Dr. Gottfried Kirchner:

Jahrgang 1940. Studium der Germanistik, Kunstgeschichte und Archäologie. Dozent an der Universität Mainz, seit 1971 beim ZDF. Zahlreiche Filme über kunst- und kulturhistorische Themen. 1977 und 1978 Journalistenpreis des Deutschen Nationalkomitees für Denkmalschutz. Konzipierte 1981 die Fernsehserie TERRA-X, von der bisher 49 Folgen erschienen sind. Seine sechs TERRA-X-Bücher wurden Bestseller und ins Griechische, Spanische, Niederländische und Rumänische übersetzt.

### Martin Papirowski:

Jahrgang 1960. Redakteur bei Zeitungen des Ruhrgebietes, Studium der Publizistik, Geschichte und Politik. 1988 Gründung der team-work Film- und Fernsehproduktion. Zahlreiche Reportagen, Dokumentationen und Dokumentarspielfilme für deutsche und ausländische TV-Anstalten.

### Tina Radke-Gerlach:

Jahrgang 1957. Nach Studienabschluß freie Journalistin. Seit 1983 Filmautorin und Produzentin für das ZDF und »arte«. Zahlreiche Dokumentationen mit den Themenschwerpunkten Kultur, Expeditionsreisen, Tierbiologie. Autorin von Sachbüchern und Fotoreportagen.

### Dr. Luise Wagner-Roos:

Jahrgang 1957. Studium der Biologie und Makromolekularen Chemie. Freie Journalistin und Mitarbeiterin in den Wissenschaftsredaktionen verschiedener Fachzeitschriften (»Stern«, »Focus«, »natur«).

## Bildnachweis

Archiv für Kunst und Geschichte, Berlin: S. 183, 188, 206/207

J. Fachinger, Mainz: S. 23, 37, 33, 37, 44, 43, 45, 4, 51, 64 links und rechts, 66, (Graphische Aufbereitung: Design-Studio Fleischer, München) 67

G. Kirchner, Wiesbaden: S. 8/9, 31, 56, 59, 63

Murnau-Stiftung, Wiesbaden: S. 201

M. Papierowski, Dortmund: S. 148/149, 153, 156, 160, 166, 170, 191, 192, 195, 198, 202

T. Radke-Gerlach, Mainz: S. 70/71, 92, 102, 111, 114, 118, 123, 127, 132, 133

A. Vater, Wiesbaden: S. 28

Alle Karten: Design-Studio Fleischer, München

## Register

**A**braxas (Zaubergeist) 13
Academia Naturae Curiosum (Altdorf) 153
Adischi (Swanetien) 104, 119f., 135
*Aietes* (König von Kolchis) 77, 90, 110, 115
*Aischylos* 89
*Akhvlediani, Dmirtri* 92
Albendiego (Soria) 30
*Alfons I. von Aragon* (König) 29
*Alfons VIII. von Kastilien* (König) 39f.
Alraune 34
*Alte vom Berge* 44
Amor 34ff.
*An-Nasir* (Kalif) 39
*Andreas*, hl. (Apostel) 104
*Anton, Karl Gottlob* 15
*Apollonios von Rhodos* 89, 110
Araber 74
Aragón 57
Ararat 78
Arche Noah 78, 142
Argonauten, Argonautensage 77, 87-91, 110
*Arnie der Vampir* 199f.
*Arnold von Lübeck* 44
Arroyo de las Fraguas (Soria) 30
Assassinen 44, 46
*Atienza, Juan García* 67f.
»Aus dem ersten Gesang Maldorors« 183
»Aus den Hochregionen des Kaukasus« 76, 84

**B**aksantal (Swanetien) 77, 137, 140f.
Baku 81f.
Balearen 46
*Balzac, Honoré de* 182f.
Baphometzeichen 50
*Barbara*, hl. 109, 115, 125
Bärn (Mähren) 155
*Baudelaire, Charles* 182
*Bellantoni, Nichola* 164f., 169ff.
*Benedikt XIV.* (Papst) 154
*Bernhard von Clairvaux* 38
*Bersisvlis* (swan. Gottheit) 101
Betscho (Swanetien) 96, 109, 113, 136ff.
Betscho-Paß 137
Blut 205f.
Blutrache 103, 129f.
Blutsauger 154, 191, 197, 206
*Bodenstedt, Friedrich von* 84
Borgo-Paß (Siebenbürgen) 192
Borneo (Insel) 163
*Brand, Gerardus* 11
»Braut von Korinth« 182, 184
*Brentano, Clemns von* 182
*Buau* (borneo. Dämon) 163
*Byron, Lord George Noel* 185
Byzantiner 74

**C***almet, Augustin* 158
Campisábalos (Spanien) 30, 35
Caracena (Soria) 50 ff., 55
»Carmilla«
*Casparek, Michael* 161
Castellum aquae (Tiermes) 32
*Ceauçescu, Nicolaie* 189
*Cervantes, Miguel de* 22
*Chartolani, Schota* 93, 96, 112f., 117

*Chartolani, Ziala* 100
Chinchón (Spanien) 26
Chivert (Valencia) 45
*Chruschtschow, Nikita* 140
Chwidob (swan. Fest) 109, 111
*Clemens V.* (Papst) 55, 68f.
Collegium Sanitatis (Wien) 153
»Commercium Litterarium« (Nürnberg) 153
Connecticut 170
*Coppola, Francis Ford* 194
*Coulours, André dé* 13
Crane (Nymphe) 162
*Cyrano de Bergerac* 205

**D**'*Urfé*, Marquis 179f.
Dadeschkiliani-Swanetien 95
*Dadiani* (swan. Fürst) 95
*Dali* (swan. Göttin) 100f.
*Daschnavar* (armen. Berggeist) 163
*David* (swan. König) 79
*Dayak* (Borneo) 163
*Dechy, M.v.* 83
»Der Vampyr« 186
»Die Ehre des Herzogtums Krain« 161
»Die liebende Tote« 184
*Diokletian* (röm. Kaiser) 101, 125
Dioskourias 75, 88
*Don Felipe* (Infant) 42
»Dracula« (Stocker) 171, 193
»Dracula« (Filmfassung) 194
Dreifaltigkeit 54, 112f.
Drudenfuß 62f.
Dsherganash (swan. Frauentag) 114
Duero 30, 36
*Durrell, Lawrence* 184

**E***co, Umberto* 10, 57
El Burgo de Osma (Soria) 51, 55, 57
»El cerco de Numanica« 22
El Cid 37
Elbrus 76, 81ff., 139, 141-145, 147
Empuse (griech. Geist) 163, 184
*Euripides* 89
Exhumierung 175f., 204
Ezeri (Swanetien) 112

**F***avre, E.* 83
*Fernández, García* 57
*Finke, Heinrich* 13
Fledermaus 192f.
*Flückinger, Johann* 152
»Frankenstein« 185
Fratres militiae templi 37
*Freshfield, D.W.* 83, 143, 145
*Frombald* (österr. Staatsapotheker) 150f., 157
Fylfoot 50

**G**aro (Peru) 12
*Gautier, Théophile* 184
Geographie, magische 68
*Georg*, hl. 101, 113, 121, 125
Georgien 74f., 79ff., 83, 92, 95, 104, 120, 125, 146
Gesteinsrillen (Tiermes) 32
*Ghoulen* (orient. Geist) 163
Gier nach Blut 196
*Glaser* (österr. Amtsarzt) 151ff.
*Glaser, Johann Friedrich* 153
Gnostiker 13, 50
Gnostikerkreuz 50
*Godwin, Mary* 185
*Goethe, Johann Wolfgang von* 62, 180

Goldene Vlies 77, 87, 89ff., 93, 110, 119
Gormaz (Spanien) 36
*Graben zum Stein, Otto von* 157
Graf Dracula 180, 186, 191
Griechen 74, 88f., 91, 115
*Grove, F.C.* 83
Guadalajara (span. Provinz) 30
*Güldenstädt, Johan Anton* 84
*Günderode, Karoline von 182*

**H**ades 205f.
*Hahn, C.* 110
Harford (USA) 164
*Harmann, Fritz* 196
Haschisch 44
*Heintzin, Anna* 155
*Helfer, Friedrich* 155
Helichi (swan. Sonnenfest) 113
Henisckali 95
*Hentschel, Laurentius* 158
*Herzog, Werner* 194
»Historia Naturalis Curiosa Regni Poloniae« 154
*Hitler, Adolf* 80-83.
*Hofmannsthal, Hugo von* 182
*Homer* 89, 205

***I**ason* 87, 90, 93, 119
Iberien (Kartli) 87
Ikonen 120f., 125f., 128, 134
»Ilias« 89
Indianer 13
Indien 163
Inguri 94f., 118, 122, 124
Inquisition 55
»Interview mit einem Vampir« 199

***J**aucourt, Louis de* 158
*Jean de Luca* 110
Jubelstier 28f.

**K**abardino-Balkarien 139f.
Kala 106, 110, 119, 131, 135
*Kaldani, German* 120f
Kap Creus 67
Kap Finisterre 67
*Kaplan, Stephen* 196-199
Kapnick (Siebenbürgen) 154
Kastilien 36f., 50
Kastilien-León 42
Katholische Kongregation für Selig- u. Heiligsprechungen 177
Kaukasus 74ff., 78 ff., 83ff., 146f.
*Kehrer, Johannes* 84
Keltiberer 21f., 24f., 30f., 34
Kera (swan. Feuerstelle) 102
*Kinski, Klaus* 194
Kirchensynode von Nablus 47
Kisolova (Serbien) 150f 170
*Klaproth, Julius* 84, 110
Knights Templars 15
Knoblauch 163, 198, 206
*Knoblauch zu Hatzbach, Carl von* 159
*Koch, Karl* 84
*Koch, Robert* 169, 172
Kolchis (Egrisi) 77, 87-92, 95, 104, 115
Kolchis – Metallvorkommen 88
Konnersreuth (Oberpfalz) 202
*Konrad von Montferrat* 44f.
Kreuz-Darstellung 12
*Kuczynski, Valerian* 178
Kutaisi (Kolchis) 87f.
*Kwirike*, hl. 121, 133f.
*Kwiziani, Joseb* 95

**L**achwar (swan. Widderfiguren) 91
Lagurka (swan. Kirche) 106, 108, 110, 129-135
Lamie (griech. Geist) 163
Lamproba (swan. Fackelzug) 112f.
*Lanz, Adolf Josef* 15
Las Navas de Tolosa (Schlacht) 39f.
*Lautréamont,* Comte de 183
*Le Fanu, Sheridan* 185
*Lee, Christopher* 194
Lemsir (swan. Sonnengebäck) 112, 121
Lentechi (Swanetien) 95
Liebesakt mit Vampiren 161f.
Lile (swan. Sonnenhymne) 113, 118
Litschenichi (swan. Fest) 121
*Lordkipanidse, Othar* 89
*Lucadou, Walter von* 200f., 203f.
*Ludlam, Henry* 187
*Lugosi, Béla* 194

»**M**agia Posthuma« 154
*Mahieu, Jacques* 11ff.
Mandragora 34
*Maria Theresia* (österr. Kaiserin) 155
*Marschner, Heinrich* 186
*Maschawariani, Irakli* 81
Masegoso (Soria) 19, 21
Matschuba (swan. Wohnraum) 102ff., 130
*Matthias Corvinus* (ungar. König) 189f.
*Maturin, Charles Robert 182*
Mazen (Swanetien) 115
*Medea* 77, 91
Medina del Campo (Spanien) 48, 56
Medinaceli (Soria) 25ff.
Medwegy a.d. Morava 151
*Mehmed II.* (Sultan) 187, 190
Melmoth the Wanderer« 182f.
*Melmoth, Sebastian* s. Wilde, Oscar
Merul (Walachei) 153
*Merzbacher, Gottfried* 72, 74, 76f., 81, 83-86, 88, 94, 96f., 100, 102, 104f., 108, 119, 131f., 134f., 137, 139f., 142f., 145f.
Merzbacher-Karten 85, 147
*Mesir* (swan. Gottheit) 103
Mestia (Swanetien) 88, 95, 99f., 113, 120, 126
Mestia-Paß 77, 136f., 140
Metapher, erotische 184
Milzbrandbazillus 171
Miravet (Aragón) 46, 55
*Molay, Jacques de* 69
»Monatliche Unterredungen von dem Reich der Geister« 157
Mongolen 74
Montejo de Tiermes 35
Monzón (Aragón) 48, 55
*Moore* (Bergsteiger) 143
Mulachi (Swanetien) 116
*Mummery, A.F.* 83
*Murnau, Friedrich Wilhelm* 193
Museo Numantino 25, 34

**N**achzehrer 161
*Neumann, Therese* 202
New England 163ff.
Niederswanetien 95
*Nino,* hl. 104
*Nisharadse, Pridon* 122, 124f., 128
»Nosferatu« 194

»Nosferatu, eine Symphonie des Grauens« 193
Nuestra Señóra de Tiermes 34, 36
Numantia 21-25

Oberswanetien 95f., 99, 104, 106f., 111, 118f., 126
Odysseus 205
Old-Hex-Syndrom 203f.
Ordo Novi Templi 15
Ordre du Temple 15
*Ovengua*-Dämon 163

*Paule, Arnont* 152
*Paulus*, hl. (Apostel) 104
Pays d'Othe (Frankreich) 13
*Pedro II. von Aragón* (König) 39
*Pelias* (König von Iolkos) 89
Pentagramm 62
Perser 74
Pestepidemie 160, 171
»Petermanns Geographischen Mitteilungen« 85
Pfählung 154, 165, 176
Phasis 88
*Philip, Christian* 155
*Philipp der Schöne (König)* 55
*Philostratos* 184
*Phlegon, Aelius* 182
*Pihsin, Dorothea* 154
*Pilón, José Maria* 65f.
*Plinius* 75
*Plogojowiz, Peter* 150f., 156ff., 175, 178f.
*Polakin, Rosa* 155
*Polanski, Roman* 194
*Polidori, William* 185f.
*Polo, Marco* 44
*Polybios* 24
*Pompeius, Quintus* 22
Poti 88
Prometheus 78
*Prutz, Hans* 13
*Purtscheller, Ludwig* 84, 143

Quiricoba (swan. Volksfest) 131

*Radde, Gustav* 84
*Ranft, Michael* 156ff., 176
*Reineggs, Jakob* 84
»Reise zu den Mondstaaten und Sonnenreich« 205
*Reiter, Christian* 171ff., 174, 176
Rhode Island 170
*Rice, Anne* 185, 194
Rio Lobos 58
Rio Rituerto 20
Rioni 88f.
*Rodrigo Jiménez de Rada* (Erzbischof) 40, 42
Römer 21f., 25, 30f., 74
Rosettenfenster 62
Russen 74
*Rustaweli, Schota* 129
Rußland 77, 79f., 139f.
Rutengänger 65f.
*Ruthwen*, Lord 180, 186
*Rzaczynski, Gabriel* 154

*Saladin* (Sultan) 45
San Bartólo 58
San Bartolomé (Kapelle) 58, 62ff., 67ff.
San Bartolomé – Geophysikal. Untersuchung 64ff.
San Bartolomé – Windrose 63ff.
San Juan de Otero (Soria) 57
San Pedro de Caracena 52, 54
*Sancho VII. von Navarra* (König) 39

Santa Maria de Huerta (Soria) 40
Santa Maria la Blanca (Villalcázar) 42
Sarazenen 39f., 47
Schaliani-Ikone 129f., 134
Schäßburg (Sigishoara) 187f.
Schauerroman 180
*Schertz, Carl Ferdinand Freiherr von* 154
*Schewardnadse, Eduard* 81
Schierlingspflanze 24
*Schmidt, Uwe* 193
*Schottmüller, Konrad* 13
Schreibturm (Tábara) 57
*Schulten, Adolf* 16, 22, 30, 32
Schwarze Magie 63
Schwindsucht s. Tuberkulose
*Scipio, Publius Cornelius* (der Jüngere) 22ff.
Secretum Templi 13
*Sède, Gérard de* 13
Seligsprechungsverfahren 177
*Sella, Vittorio* 85
*Shelley, Percy* 185f.
Sigüenza (Spanien) 55
Simurg (leg. swan. Vogel) 142
Skythen 74
Snagov-See 190
Somcha (swan. Neujahrsfest) 116
*Sophokles* 89
Soria (Provinz) 16f., 18-21, 26, 30, 40, 69
Soria (Provinzhauptstadt) 24f., 34,
Sowjetunion 78, 80
Spanien 15ff., 21, 25f., 45, 47, 55, 67f.
Spanien, islamisches 36f., 39f.
*Stalin* 80, 140
Stigmata Christi 202f.
*Stocker, Bram* 171, 186f., 191ff., 201
*Strabo* 24, 75, 91, 103
Strix 162
Sugdidi (Swanetien) 94
Swanen 72f., 75ff., 79f., 87f., 93-99, 103-106, 110ff., 114ff., 117ff., 124, 128f., 134, 147
Swanetien 72, 74-79, 81, 84, 87, 91, 94f., 101, 104f., 110, 113, 118, 122, 125f., 128, 139, 141, 147
Swanetien
– Baumkult 109ff.
– Christentum 103f., 111f., 126
– Goldgewinnung 91 f., 118f.
– Kirchenbauten 105-108
– Kunstschätze 121f., 124ff., 128, 133ff.
– Ochsenkult 116f.
– Sonnenkult 112-114
– Sprache 99
– Wehrtürme 99f., 104, 122
– Widder, Widderkult 91, 93, 113, 118f.
Symbole, okkulte 62

**T**ábara (León) 57
Tajo 30, 36
*Tamara* (swan. Königin) 79, 108, 120, 124, 126
»Tanz der Vampire« 194
*Taracena, Blas* 34
Tarazona (Spanien) 26
*Tataradse, Maja* 99
Tatzenkreuz 36, 46, 58
Tempelfelde 13

Tempelhaus 13
Tempelherren-Orden 15
Tempelhof 13
Templer
– Authentischen Porträt 42
– Homosexualität 47f.
– Reichtum 38f.
– Siegel 12f., 37, 47
Templer, Tempelritter 10-16, 30, 35, 36-69
Terskoltal (Kaukasus) 77
*Thewdore* 133
*Thurston, Herbert* 178
Tiahuanacu (Bolivien) 12
Tiblissi s. Tiflis
Tiermes (Soria) 30ff., 34ff., 51
Tiflis 77, 80, 139
Tolosa (Palästina) 45
*Tolstoi, Alexej* 180
Toreutik 124, 126, 128
Toro jubilo s.a. Jubelstier 26, 29
Totemismus 93, 103, 116f.
Totenhochzeit, rituelle 161
Transsilvanien 192
Treibarbeit s. Toreutik
*Trucker* (Bergsteiger) 143
Tuberkelbakterien 168f.
Tuberkulose 167f., 169, 171
Türken 74

**U***nterweger, Johan* 84
Untote 150, 163, 191f., 206
Unverwesbarkeit 152, 155, 173, 177ff.
Uschba (Swanetien) 96, 147
Uschguli (Swanetien) 118f., 122, 124f., 135

**V***alsavor, Freiherr von* 161
*Valverde, Ildefonso* 52
*Vambery, Arminius* 191
Vampir 155, 162-165., 169, 175, 178f., 184, 190, 192f., 196-199, 201, 203f., 206
Vampir-Fledermaus 193
Vampir-Ritual 171
Vampirangst 168
Vampirattribute 199
Vampire Research Center 196
Vampirepidemien 191
Vampirexekution 154f., 169
Vampirglauben 163, 165, 170, 177
Vampirismus 155, 158f., 169, 180f., 196
Vampirologen 158, 161, 197
Vampirtheorie 157
*Vera, Alejo* 24
»Vernünftigen und Christlichen Gedanken über die Vampirs« 159
Verwesungserscheinung 174
Villacazár de Sirga (Kastilien-León) 42
Villalpando (León) 56
Visegrád 189
*Vlad Draculea*, Fürst 187, 190ff.
*Vlad II.*, Fürst 189
*Vlad Tepes* s. Vlad Draculea
*Voltaire (d.i. Francois-Marie Arouet)* 159
»Von dem Kauen und Schmatzen der Todten« 156, 176

**W**achsleichen 173
*Wachuschti* (Historiker) 110
*Walton, J.B.* 166ff.
Walton-Friedhof 164f., 168
Wani 89, 92f., 125

Westgoten 34, 47
Wiedergänger 154f., 158, 161, 163, 169, 190, 206
»Wiener Diarium« 151
*Wilde, Oscar* 182
*Wilhelm von Newburgh* 165
Wünschelrute 65

**X***enophon* 99

**Y**aro-Kultur 12

**Z***edler, Johann Heinrich* 11, 48
Zierikzee (Niederlande) 11
*Zozoya, Juan* 52, 54
Zwiebeln 198